의열투쟁의 선구자
전명운

의열투쟁의 선구자 전명운

| **조철행** 지음 |

글을 시작하며

한국 독립운동은 무장투쟁과 의열義烈투쟁을 중심으로 전개되었다. 무장투쟁은 독립군을 양성하여 독립전쟁을 수행하는 데 중점을 둔 것이고, 의열투쟁은 자신을 희생하면서 앞장서 침략정책을 추진했던 일본인이나 친일파를 처단했던 독립운동의 방법이었다. 의열투쟁에 참여했던 분들은 의사義士와 열사烈士로 나눌 수 있다. 의사는 성패에 관계없이 목숨을 걸고 무력이나 행동을 통해 적에 대한 거사를 거행한 사람을 말한다. 열사는 직접적인 행동은 하지 않았으나 강력한 항의의 뜻으로 자결 또는 그에 준하는 행동을 한 사람을 가리킨다.

일찍이 이상설李相卨은 「양의사 합전兩義士合傳」에서 "혼자 몸으로 보잘 것 없는 무기를 가지고 용감하게 적진 속으로 들어가 적의 우두머리를 섬멸하여 나라의 방해물을 제거하는 것"을 의사라고 했다. 을사오적을 처단하려 했던 기산도奇山度·나철羅喆·오기호吳基鎬 등이 의사로 분류될 수 있다. 이들은 원대한 거사를 계획했지만 직접 실행하기에 이르지 못했다. 물론 이러한 활동은 민족의식을 일깨우는 중요한 계기였다.

실제로 의열투쟁의 시초가 된 것은 전명운田明雲과 장인환張仁煥 두 의사의 스티븐스 처단을 들 수 있다. 이후 안중근安重根의 이토 히로부미 伊藤博文 처단, 이재명李在明의 이완용李完用 척살, 강우규姜宇奎 사이토齋藤實 척살의거, 의열단의 일련의 의거, 윤봉길尹奉吉의 홍구공원 폭탄투척 의 거, 이봉창李奉昌의 도쿄 일왕 폭살 의거 등의 의열투쟁이 이어졌다. 그 러므로 전명운·장인환 두 의사는 의열투쟁의 선구자인 셈이다.

두 의사가 스티븐스를 처단한 사실은 고등학교 역사교육을 받았다면 알 수 있으나 두 분의 삶과 생애에 대해 아는 사람은 드물다. 게다가 두 의사에 관한 글이나 전기가 많지 않을 뿐더러 역사 전공자들에 의한 연 구 논문은 극소수에 불과하였다. 스티븐스를 처단한 뒤 현지 미국 경찰 이나 신문 기자들에게 처단과 관련된 문답 내용은 신문에 게재되었으나 두 의사가 직접 써서 남긴 글이 없다는 것이 전기나 연구가 미진한 가장 큰 이유라고 생각된다. 두 의사의 의거 이전 약전과 처단의 의의와 관련 해서는 이상설이 쓴 「양의사 합전」이 유일하다고 할 수 있다.

의거 이후 두 의사의 행적이 『신한민보』나 일제 정보문서에 단편적 으로 남아 있지만 생애 전체를 충분히 파악하기에는 부족했다. 2008년 국가보훈처가 발간한 『장인환·전명운의 샌프란시스코 의거 자료집』

(I, II)은 두 의사의 의거와 생애에 관한 기존 자료와 미국에서 새로 발굴한 미국 교도소 자료 등을 모은 최초의 종합적인 자료집 성격을 지닌다. 그러나 아직까지 미국 재판자료도 발굴되지 않은 상태이므로 앞으로 두 의사에 관한 자료는 발굴·정리되기를 기대한다.

순국과 의열투쟁이라는 새로운 투쟁방략이 등장한 것은 1905년 일제가 강제로 맺은 을사늑약 때문이었다. 민영환閔泳煥·조병세趙秉世·홍만식洪萬植 등의 순국열사들은 을사늑약을 규탄하면서 자결이라는 극단적 행동으로 항일의지를 드러내었다. 이는 한국민에게 애국심과 국가정신을 고취시키는 주요한 계기였다. 순국열사들의 영향을 받아 나타난 독립운동방략은 일제와 친일 앞잡이를 처단하는 의열투쟁이었다. 이를 최초로 실행한 이가 전명운과 장인환 두 의사였다.

의열투쟁은 한국의 무력적 식민지화를 추진한 일본정치인·군인·친일주구 등과 주요 식민기관을 대상으로 삼았다. 이는 평화적인 수단이 더 이상 효용을 가질 수 없게 된 조건 속에서 출현하는 적극적인 대응책 중 하나였다. 일제의 앞잡이 스티븐스의 친일정책 수행과 망언에 대한 평화적 정정요구가 거부되자 스티븐스 처단으로 이어질 수밖에 없었다. '최소한 희생'으로 민족적인 울분을 나타내는 동시에 만천하에 한국인의 독립의지를 알리려는 의도에서 비롯되었다. '자기희생'을 통해 독립을 이룰 수 있기를 강하게 희망한 것이다.

이러한 의열투쟁 정신은 3·1운동 이후 1920년대에도 계승·발현되어 친일파와 매국노들을 대상으로 끊임없이 이어졌다. 자주 독립을 이루고자 하는 우리 민족의 저항정신은 미주는 물론 국외 한인사회 독립운동을 견인하는 중요한 '지렛대'나 마찬가지였다.

　전명운의 파란만장한 삶과 애국 활동을 통해 미주지역 한인사회의 민족운동과 의열투쟁사에 대한 역사적인 성격을 이해할 수도 있을 것이다. 전명운에 대해서는 밝혀진 연구 자료가 많지 않아 그의 삶을 제대로 살펴보기는 힘들다. 이 글이 그의 의열투쟁이 갖는 위상을 제대로 규명하는 데 밑거름이 되기를 간절히 바라는 마음뿐이다.

2011년 12월

여의도공원을 바라보면서

조 철 행

차례

01 출생과 국내 생활

서울에서 태어나고 자라다

전명운田明雲은 서울 종현鍾峴(서울 중구 명동 천주교성당 부근)에서 아버지 전성근田聖根(1845~1900)과 어머니 전주 이씨李氏(?~1895) 사이에서 태어났다. 본관은 담양潭陽이고, 담양군 시조 전득시田得時의 27대손이었다. 자는 영선永善, 호는 죽암竹嵒이다.

집안의 『대동보』에 의하며 시조 전득시는 고려 의종 1155년 문과에 급제하여 참지정사參知政事 등을 역임하였다. 파조派祖 14대 전봉우田逢雨는 가정대부우복사嘉靖大夫右僕射를 지냈으나 24대 전양신田陽信부터는 관직에 진출하지 못했다.

선조들은 관직에 나아가지 못한 이후 서울에서 상업으로 생계를 유지했을 것으로 보인다. 아버지도 상업에 종사하며 중간 정도의 생활을 하고 있었다. 전명운의 나이 12살 때 어머니가, 17살 때 아버지가 별세하여 큰형 전명선의 집에서 생활했다. 큰형은 부친이 하던 포목과 죽물

전명운 의사 출생지(명동성당 앞)

竹物을 취급하는 상점廛을 경영하는 등 그리 넉넉한 가정형편은 아니었다.

전명운은 3형제 중 둘째 아들로 1884년 6월 25일 출생했다. 그런데 출생일은 1880년 5월, 1882년, 1883년, 1884년 5월 등으로 각각 다르게 기록되어 있다. 형제관계도 7형제 등으로 자료마다 다르게 나온다.

· 서울 교남동이 본적지로 되어 있는 큰형 전명선田明善(1879년생)의 제적부에 전영선(전명운의 자)은 2남으로 1884년 6월 25일 출생하였고 부인은 동갑내기 조씨趙氏로 되어 있다. 부인 조씨(1884년생)의 아버지는 조공녀趙公汝, 어머니는 서씨徐氏였다. 이 제적부에는 동생

전명운 의사와 세 자녀(LA 차이나타운)

전경환田敬煥(1894년생)도 기재되어 있어 3형제가 된다.

· 『대동보』에도 제적부와 같이 3형제로 되어 있다. 전명운은 큰형
  전명선의 3남 영덕沐德(1910~1924)을 양아들로 들이고 부인 조씨
  (1884년) 사이에서 경숙慶淑(재미 남편 이태모李泰模), 경령慶怜 2녀를 두
  었다.

· 전명운의 출생년도 수정 기록에 따르면 1883년 6월 25일을 1884
  년 6월 25일로 정정하였다.

전명운은 큰형의 아들 전영덕을 양자로 들였고 조순희趙順姬 사이에서
두 딸인 전경숙 · 전경령과 아들 알프레드 등을 둔 것으로 보이나 이에

대한 기록도 다르게 나타난다.

『의사 전명운』에 의하면, 그는 1904년 7월 조순희와 결혼하였다. 1905년 미주로 간 전명운이 1919년 3·1운동 소식이 미주에 알려진 뒤 대한인국민회는 국내 정황을 파악하기 위해 밀사 박선겸朴善謙을 파견했다. 이때 전명운은 부인의 미국행을 부탁하는 편지를 형에게 보냈다. 그리하여 조순희와 양자 전영덕은 미주로 왔다고 한다. 전영덕의 「대한인국민회중앙총회인구조사부」에 의하면 등록일 1919년 5월 14일로 부는 명운이고 모는 순희로 되어 있다. 당시 나이는 18세로 등록표 옆에 1919년 11월 28일 익사한 것으로 나타난다. 곧 1919년 5월 이전에 이들 모자는 미국에 도착하였음을 알 수 있다.

『신한민보』 기사로 확인되는 전명운 가족의 행적을 정리하면 다음과 같다. 전명운의 부인은 1917년 9월 복부병으로 스탁톤병원에 입원해 수술을 받고 퇴원했다. 12월에도 다시 스탁톤 카운드병원에 입원했는데 이때 40세에 처음 임신한 지 6개월 만에 유산하는 아픔을 겪었다. 전명운은 1926년 4월 27일 딸을 낳았다. 부인은 동년 6월 25일에는 병원에 입원하여 해산 후유증으로 수술을 받았다. 부인은 1929년 3월 26일 스탁톤 공립병원에서 별세하였다. 1935년 2월 17일 누나와 함께 고아원에서 생활하던 여섯 살 된 아들 알프레드가 로스앤젤레스 하일랜드공원에서 익사하였다.

전명운이 호놀룰루항에 도착한 것은 1903년 9월이었기 때문에 조순희와 결혼한 시기는 최소한 1903년 7월 이전임을 알 수 있다. 부인 조순희가 미국에 도착한 시점도 1917년 이전이었다. 조순희는 1929년 알

프레드를 낳고 후유증으로 별세하였다. 부인이 죽은 뒤 딸과 아들은 고아원으로 보내질 수밖에 없는 어려운 상황이었다고 한다.

신교육의 필요성을 느끼다

그는 서울에서 독립협회獨立協會 활동을 지켜보던 중 『독립신문』을 통하여 유신사업의 필요를 깨달았다. '유신사업'은 당시 개화파의 근대서구문물을 받아들여 반외세 자주적 독립국가를 만들어야 한다는 주장과도 통하는 것이었다. 이러한 유신사업을 이루기 위해서는 새로운 교육인 근대교육을 받아야 한다고 생각했다.

독립협회는 1896년 7월 2일 독립문·독립관·독립공원 건립을 공식적 목적으로 창립되었다. 당시에는 아관파천俄館播遷으로 김홍집내각이 붕괴되고 열강이 친러 정부를 회유·협박하여 이권을 침탈함과 동시에 국권을 침탈할 기회를 노리고 있었다. 특히 고종이 러시아공사관에 머무는 동안에 러시아를 비롯하여 서구 열강은 광산·철도·전신·삼림·어장 등의 중요한 이권을 침탈하였다. 개화파는 이에 앞서 미국에서 망명 생활을 하던 개화파 서재필은 귀국해서 『독립신문』 창간 준비를 하여 1896년 4월 7일 세상에 나오게 되었다. 독립협회 주도 세력은 건양협회建陽協會와 정동구락부貞洞俱樂部 회원이었다.

독립협회 구성원은 두 계열로 나눌 수 있다. 하나는 『독립신문』 계열로 서재필·윤치호尹致昊·주시경周時經 등 서구 시민사상을 도입하려는 흐름이고, 다른 하나는 『황성신문』 계열로 남궁억南宮檍·정교鄭喬·장지

독립협회 회원 단체사진

연張志淵 등 개신유학적 전통을 배경으로 한국내 사상의 성장의 흐름이었
다. 이러한 두 흐름을 하나가 되게 하는 위치에 이상재 등이 있었다. 이들
은 독립협회 창립의 산파와 같은 역할을 한 인물로서 주목된다.

　독립협회는 창립 직후 공식적 기관지로 『대조선독립협회회보』를 발
행하였고, 비공식 기관지로 『독립신문』과 『황성신문』을 활용하였다. 독
립협회는 창립 후에 자주적 수구파와 연합해서 친러 수구파의 반대를
물리치고 1897년 2월 20일 국왕을 러시아공사관으로부터 경운궁으로
환궁시키는 데 성공하였다. 이들 자주적 연합 세력은 이어 1897년 8월
에는 연호를 건양建陽에서 광무光武로 고치고 1897년 10월에는 국호를

『대조선독립협회회보』

대조선국大朝鮮國에서 대한제국으로 바꾸면서 대외적인 완전 자주독립국임을 재선언하였다. 대한제국의 성립은 한국이 전통적으로 자주독립국이며 임오군란 이후 청국의 간섭, 청일전쟁 이후 일본의 간섭, 아관파천이후 러시아의 간섭과 같은 것을 더 이상 허용하지 않을 것임을 상징적으로 선언한 중요한 사건이었다.

일찍이 부모를 여의고 큰형 밑에서 성장하던 전명운은 불의를 보면가만히 두고 보지 못하는 성품을 갖고 있었다. 전명운의 올곧은 성품은이상설의 「양의사 합전」에 다음과 같이 기록되어 있다.

천성이 명민하고 강맹하여 불평등한 말이 들려오면 문득 옷깃을 뽐내며

팔뚝을 저어 노한 눈으로 상대방을 노려보면서 꾸짖기를 아끼지 아니하였다. 의사는 체격이 작아 칠척七尺에 이르지 못하나 눈이 밝고 손이 빨라 아무리 신체가 장대하고 힘이 센 자라도 주먹을 던지고 다리를 날리면 뒤로 자빠지고 앞으로 거꾸러지지 않는 자 없었다. 사람들은 의사의 성행이 경우에 벗어나지 않고 언어가 온순하며 바른 말과 올바른 행동을 하는지라 복종 안 하는 자 없었다.

무武를 숭상하며, 의義를 즐겨하며, 호탕함을 좋아하며, 무더운 여름 날씨에 시원한 나무숲이 있는 것처럼 소나기 뒤 상쾌한 바람에 낙화落花가 우수수 흩어지는 것과 같은 기상이 있으며, 안개가 일며 우뢰가 울어 넓고 넓은 바다에 밀려드는 세찬 파도 같은 경괴驚怪한 태도가 있으며, 수풀에 낳은 새끼 범처럼 멍에를 벗은 망아지처럼 겁도 없고 두려운 것도 없이 모든 일을 포용하는 정신이 있으며, 술을 마시며 칼을 의논하여 연燕나라 남과 조趙나라 북에게 비분강개하던 열사협객의 유풍을 사모하는지라.

이처럼 의협심이 강해 직설적이고 올곧은 성품을 가진 전명운은 신교육을 받으며 일제의 침략이 노골화되고 있는 조국의 앞날을 걱정하고 있었다. 친구들과 시국을 토론하며 밤을 지새우고 해산해 버린 독립협회 인사들을 찾아가거나 당시 배재학당培材學堂에서 열린 시국강연회와 토론회에 참가하기도 했다.

이전 시국강연 등을 이를 주도한 단체는 협성회協成會였다. 협성회는 1896년 배재학당 내 조직된 학생 단체로 1896년 11월 30일 서재필의 주도로 조직되었다. 서재필은 당시 중추원 고문직을 맡고 있었기 때문

배재학당 교사

배재학당 교원과 학생들(1887년)

에 배재학당 학생들을 훈련시켜 장차 중추원의 의관으로 선출해 민주의회를 만들 생각이었다. 그는 학생들에게 회의진행법을 가르치고 매주 토요일 학생들을 모아 토론회를 지도하였다. 서재필은 토론회를 본격적으로 발전시키기 위하여 회원 13명을 모아 협성회를 창립하고 학생 모의국회와 같은 구실을 하도록 했다. 이때 창립 발기인으로 신흥우申興雨·양홍묵梁弘黙·이승만李承晩·노병선盧炳善·윤창렬尹昌烈·민찬호閔贊鎬 등이 참가하였다. 협성회는 세력 확대를 위하여 회

『협성회회보』

원의 자격을 널리 개방하였다. 배재학당 학생으로 입회하는 자는 회원이라 칭하고 관리 및 일반인으로 입회하는 자는 찬성회원이라 하였다.

매주 토요일에 열리는 토론회에 일반인의 방청을 허용하여 토론회는 날이 갈수록 발전하여 서울 시내의 화제거리가 되었다. 토론회가 열리는 날에는 많은 청중이 배재학당의 운동장을 메웠다. 이 같은 협성회 주간 토론회에 자극을 받아 독립협회에서도 토론회를 시작하였다. 협성회 토론회의 주제는 대체로 회원·국민의 교양을 높이는 내용이 많았으나 때로는 정치적인 주제를 다루기도 했다.

협성회는 정치 강연회를 통한 민중계몽운동 이외에도 1898년 1월

26일 농상공부의 정식 인가를 받아『협성회회보協成會會報』라는 기관지를 발행하였다. 그러나 정부의 부패를 공격하고 근대적인 개화사상을 고취하는 강력한 논조 등을 펴다가 강제 폐간을 당하고 말았다. 이승만·양홍묵·유영석 등은 기관지 복간을 위해 꾸준한 노력을 전개해 그해 5월부터 이름을『매일신문每日新聞』이라 바꾸어 새로 발행하였다.『매일신문』은 우리나라에서 발행된 첫 일간지였고,『독립신문』과 같은 형태의 순국문 활자로 발행했다.『매일신문』은 진보적인 논조를 폈다. 그래서 배재학당의 학생들은 이 신문이 민중 계몽을 위하여 꼭 필요하다는 인식 아래 배재학당 안에 있던 인쇄소에서 제작하였다. 하지만 1898년 말 독립협회 사건으로 탄압을 받아 발행된 지 1년도 못 되어 정간되었다.

『의사 전명운』에 따르면 전명운은 "학교당에 가서 댕기머리를 깎고 신학문을 익혔다"라고 하는데 그 학교당은 미국으로 가기 전인 1902년 들어간 2년제 관립 한성학원漢城學院이다. 이렇게 전명운은 직접 독립협회·협성회 활동과『독립신문』을 보고 신교육의 필요성을 절감했다. 중등교육을 받은 이유도 여기에서 부분적이나마 찾아볼 수 있다. 물론 한성학원의 실체나 교육내용 등은 현재까지 파악되지 않는다. 아마 선교사업 일환으로 운영된 '교회 학교' 중 하나로 보인다.

조국의 앞날을 위해 미국으로 유학하다

전명운은 일제의 무력적인 탄압과 풍전등화 같은 조국의 처지를 바라보면서 "우리의 본령은 행동이다!", "무엇인가 해야 한다!"는 결론에 이르렀다. 그러나 무엇을 어떻게 해야 할지를 정하지 못하고 있었다. 이즈음 전명운은 친구들과 한국 여인을 희롱한 진고개 여인숙에 투숙중인 일본인들을 꾸짖기도 했다. 그 과정에서 여인숙에 불이 붙어 방화사건으로 확대되었다.

이때는 일제의 경제적인 침탈로 민중생존권이 크게 위협받는 상황에 놓여 있었다. 서울에는 일본인 집단거류지를 비롯하여 침략세력의 첨병인 은행·병원·요리집·전당포 등을 비롯하여 일본인 자제를 위한 학교·유치

협성회의 기관지 『매일신문』

원 등이 운영되는 가운데 왜색문물이 홍수를 이루었다. 제과점·다방·사진관 등이 첫선을 보이던 시기였다. 명동이나 충무로 거리에 즐비한 입간판은 과연 이곳이 서울인가 의심될 정도로 외형적인 변화를 가져왔다. 이에 비례하여 한국인의 반일감정은 증폭되어 나갔다. 큰 형님이 상업으로 생계를 유지하는 상황은 전명운으로 하여금 자연스럽게 일본인에 대한 적개심을 심화시킬 수밖에 없었다. 일본인에 대한 징치는 이러한 상황과 밀접한 연관 속에서 이루어졌다.

그의 의도와 무관하게 일제는 자국민 보호라는 명목으로 한국정부에 범인 색출을 강력하게 요구하고 나섰다. 전명운은 종현에 있던 천주교 성당에 피해 숨어 있었다. 거기서 전부터 알고 있던 렉스Rex 신부를 만났다. 렉스 신부의 만남은 그의 앞날을 바꾸는 결정적인 계기가 되었다. 불안한 나날을 보내는 와중에도 렉스 신부와 대화를 통하여 미래에 대한 이상을 구상하였기 때문이다.

렉스 신부는 전명운에게 작은 일로 개인의 일생을 망치지 말고 국가를 위해 앞날을 준비해야 한다고 조언하며 미국행을 권유했다. 천재일우와 같은 기회가 전명운에게 다가오는 순간이었다. 국력을 키워 조국의 앞날을 준비하기 위해 그는 미국 유학을 결심했다. 미지에 대한 두려움과 원대한 포부를 실현하려는 의지가 교차하는 혼란한 순간이었다.

정든 고향과 친지들을 등지고 머나먼 타국 땅으로 가는 여정은 그리 녹녹하지 않았다. 왠지 모르게 답답한 심정을 가눌 길이 없었지만 멈출 수는 없었다. 그는 자신의 포부와 결심을 누군가에게 전하고 싶었다. 전명운이 미국으로 떠나기 직전 큰형 전명선에게 보낸 편지에서 '인간 전명운'의 면모를 엿볼 수 있다.

존경하는 형님께
형님! 이 못난 동생을 용서해 주십시오. 아버님과 다름없이 보살펴 주시던 형님 앞에 엎드려 백배 사죄를 올리면서 이 편지를 드립니다.
존경하는 형님!
저는 오늘 언제 돌아올 지 모를 기약 없는 먼 길을 떠납니다. 미국으로 가렵니다. 언제까지 형님에게 신세만을 질 수 없어 미국으로 건너가 공부를 계속하려고 합니다. 형님께서 항상 이 못난 동생을 사랑하고 염려해 주시는 깊은 마음을 헤아리지 못하는 바는 아니오나 오늘날과 같은 나라의 난국만을 보아 온 이 땅의 젊은이로서 '나는 모른다.' 하고 앉아 있기에는 실로 가슴이 아프고 무너질 것만 같습니다. 내 장래를 위해 오래전부터 생각해 온 바를 떨쳐 버리기에는 너무 가슴이 아팠습니다. 여러 날 여러 밤을 생각한 끝에 결정한 결심이오니 형님께서 용서해 주시기 바랍니다. 꼭 성공해서 돌아오겠습니다. 미국으로 가도록 도와주신 분은 종현성당의 렉스 신부님이십니다. 기회가 되시면 형님께서 렉스 신부님께 고맙다는 한 말씀 꼭 해 주십시오.

존경하는 형님!

이 동생이 떠나더라도 상심하지 마시옵고 항상 건강에 유의하시기 바랍니다. 그리고 제 처를 부탁드립니다. 자리가 잡히는 대로 꼭 데려가겠습니다. 그때까지만 돌보아 주십시오. 부디 건강하시기 바랍니다. 안녕히 계십시오.

못난 동생 명운 올림.

이 편지에서는 돈독한 형제애를 넘어 부모 같은 형님의 은혜에 감사할 줄 아는 청년 전명운과 만날 수 있다. '금의환향錦衣還鄕'하겠다는 말은 자신에 대한 다짐이자 형님의 걱정을 덜어주고자하는 순수한 심정을 헤아릴 수 있는 부분이다.

편지 내용 중 당시 현실에 대한 전명운의 현실인식을 엿볼 수 있는 대목도 보인다. "오늘날과 같은 나라의 난국만을 보아 온 이 땅의 젊은 이로서 '나는 모른다.' 하고 앉아 있기에는 실로 가슴이 아프고 무너질 것만 같습니다. 내 장래를 위해 오래전부터 생각해 온 바를 떨쳐 버리기에는 너무 가슴이 아팠습니다"라는 부분에서 그는 개인적인 영달을 위하여 유학하는 것이 아니라 난국을 슬기롭게 극복하려는 능력을 키우기 위함이었다. 요컨대 그는 독립협회나 협성회 등의 계몽운동을 직접 보고 가톨릭과 신학문을 접하면서 근대 학문의 필요성을 더욱 절감한 것이다. 이는 곧 미국유학을 결심하는 결정적인 계기가 된 것이다.

이민선을 타고 하와이로 향하다

『신한민보』에 의하면, 전명운이 "1901년 서울을 떠나 하와이에 도착하였다가 1902년 미주로 건너오셨다"거나 "1905년 봄에 하와이 이민하는 길이 열리는지라. 의사도 그중에 참여하여 태평양을 건너 1년을 지내고 다시 샌프란시스코에 이르렀다"는 기사가 나오는데 이는 잘못된 내용이다. 하와이 호놀룰루 한인 도착자 명단에 의하면 전명운은 당시 나이 20세(1884년생), 기혼, 서울 거주, 배 이름 도릭Doric호, 1903년 9월 21일 도착으로 되어 있다.

한국인의 미국 이민은 1882년 한미수호통상조약 체결 이후 정치망명·유학생·상업을 목적으로 소수가 미국으로 가기 시작했다. 그런데 근대적 의미의 이민은 20세기 초 하와이 이민에서 시작되었다. 하와이에는 19세기 중반 이후 대규모 사탕수수 농장이 개발되면서 일손이 부족하자, 농장주들은 태평양의 섬들이나 아시아 사람들의 이민을 받아들

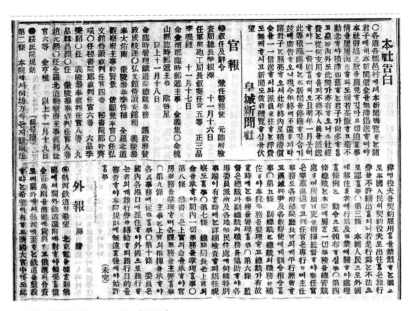

유민원규칙(『황성신문』 1902년 11월 22일)

여 부족한 일손을 채우려고 했다. 초기 이민은 주로 중국인과 일본인들이었다. 시간이 지나 현지에 적응한 이들은 임금인상·주거환경 개선 등을 요구하며 파업도 불사하였다. 이에 농장주들은 대한제국에 관심을 돌렸다. 대한제국정부는 1902년 11월 이민 업무를 담당하는 유민원綏民院을 만들고, 한국인 노동자를 모으는 회사를 설립하는 동시에 신문 광고를 냈다. 주요 내용은 많은 돈을 벌 수 있을 뿐만 아니라 주택을 제공하여 안락한 가정이 된다는 내용이다. 특히 자녀들에게 무상에 가까운 교육과 의료 혜택 등을 보장한다는 내용도 덧붙였다.

모집을 시작한 지 불과 한 달 만인 1902년 12월 22일 한국인 노동자

121명을 실은 배가 인천항을 떠났다. 대한민국 역사상 공식적인 최초의 이민이었다. 이른바 본격적인 '디아스포라'가 시작되었다. 이들은 고베神戸항에서 실시된 신체검사에서 20명이 불합격하여 101명만이 1903년 1월 13일 호놀룰루에 도착할 수 있었다. 여기서도 오랜 여정과 불결한 식수 등으로 건강이 악화된 8명은 위생관에 의해 귀국 조치되었다.

이후 1905년까지 7,000여 명의 한국인이 하와이로 이주했다. 그러나 잘살게 된다는 꿈을 안고 하와이로 건너간 이들을 맞이한 것은 하루 10시간이 넘는 고된 노동과 낮은 임금, 그리고 농장주들의 감시와 가혹한 처벌이었다. 이러한 상황은 멕시코 이민에서도 마찬가지였다. 1905년 4월 인천을 출발한 멕시코 이민 275가구 1,033명은 5월 14일 멕시코에 도착했다. 새로운 생활에 대한 기대감에 한껏 부풀어 있던 이들은 곧 애니깽(용설란의 일종) 농장의 고된 노동과 무더위로 적응하기 힘들었다. 이들 중 일부는 탈출해 고종 황제에게 억울함을 호소하기도 했지만 제국주의 열강의 다툼 속에서 주권을 제대로 행사하지 못하던 대한제국 정부는 별다른 대책을 세우지 못했다.

당시 미주 이민은 통상 인천에서 출발해 목포·부산·나가사키長崎를 거치는 3주간의 항해 끝에 하와이에 도착해 사흘간의 입국 이민심사를 마치고 육지로 들어올 수 있었다. 전명운도 1903년 8월 말에서 9월 초즈음 인천을 출발해 하와이 호놀룰루에 1903년 9월 18일 도착해 이민심사를 마치고 9월 21일 하선한 것으로 보인다.

한인의 하와이 이민이 본격적으로 시작된 주요한 배경은 첫째 하와이 사탕수수 농장에서 값싼 노동력을 필요로 했기 때문이었다. 19세기

한국과 일본인을 하와이로 실어나르던 태평양우편 증기선

하와이는 사탕수수 재배가 주요 산업으로 위치 잡으면서 이른바 사탕혁명Sugar Revolution의 시기가 대두하였다. 하와이사탕농장경영주협회는 저임금 노동력을 충당하기 위해 중국 광동지방의 노동자를 받아들이기 시작했다. 그 결과 1882년 하와이 지역 10,243명의 노동자 가운데 5,037명(49%)이 중국 노동자가 차지하였다. 한 민족이 노동자의 다수를 차지하면서 파업과 저항을 우려한 경영주협회는 반고력단反苦力團을 조직하여 일본인 노동자로 대체하기 시작했다. 그러자 1902년 하와이 노동자 42,242명 가운데 31,029명(74%)이 일본인이 되기에 이르렀다. 일본인 노동자들은 근로조건의 개선 등을 내세우며 45건의 파업을 일으켰다. 결국 경영주협회는 노동 통제와 값싼 노동력의 유입지로 한국을 선택하기에 이르렀다.

하와이 경영주협회의 이해와 더불어 한국에서는 1901년 이후 가뭄과 홍수로 인한 기근, 콜레라의 창궐, 일제에 의한 경제 질서 왜곡으로 과잉노동력의 존재가 노동이민을 촉진한 두 번째 이유였다. 수요와 공급이 만들어지면서 당시 주한미국공사 알렌Horace Newton Allen이 주선한 데쉴러David W. Desheler가 이민 업무를 수행했다. 이미 함경북도에 소재한 운산雲山금광의 이권을 할양받아 폭리를 얻고 있던 데쉴러는 인천에 동서개발회사를 설립하여 하와이 이민 모집·수속·승선 등 이민 업무를 총괄했다. 1902년 12월 121명이 출발한 뒤 1905년 8월 8일 몽골리아 Mongolia호를 마지막으로 총 56회에 걸쳐 7,291명의 한인이 하와이에 도착하였다.

하와이 노동 이민은 일제의 농간에 의해 3년 만에 중단되었다. 일제는 하와이에 한인들이 늘어나면서 일본인 노동자들과 경쟁하는 것을 두려워해 한국정부에 압력을 가해 1905년 4월 이민금지령을 내리게 했다. 1904년 7월경 하와이 거주 일본인은 전체 인구의 절반이 넘는 7만 명 정도였다. 이들은 매년 1억여 원의 돈을 일본 본국으로 송금하고 있었다. 이러한 경제효과를 거두고 있던 일제가 기득권을 지키려고 만들게 한 것이 이민금지령이었다.

하와이 이민은 당시 노동에 종사하던 토지를 소유하지 못한 농민·부두노동자·광부·일용노동자 등이 대다수였다. 거기에 극소수의 유학을 목적으로 한 학생과 일제의 탄압을 피하기 위한 정치망명자가 포함되어 있었다. 이들은 금의환향이라는 부분 꿈을 안고 미지의 땅으로 향하였다.

전명운은 미국으로 갈 수 있는 합법적인 노동이민선을 타고 유학을 목적으로 하와이에 도착하였다. 그가 미국 유학을 결정한 이유는 일제가 우리의 독립을 위한다는 명목으로 러일전쟁을 일으킨 뒤 외교권과 재정권을 빼앗고 일본 헌병경찰이 우리 한인의 생명과 자유행동을 박탈하는 상황에서 국내에서 활동은 어렵다고 판단했기 때문이다. 그래서 미국으로 가서 학업을 닦아 나라를 위해 헌신할 목적으로 이민을 결정했다. 1908년 3월 25일자 『공립신보』의 「의사 전명운 씨의 대답」에서 그러한 정황을 알 수 있다.

일본이 우리나라의 독립을 위하여 러시아와 전쟁한다고 세계에 공언하더니 우리나라의 국권을 빼앗고 토지를 늑탈하며 민가에 일부러 불을 지르고 부녀를 강간하며 재정을 말리우고 관직을 차지하여 헌병 순검이 서울과 지방에 가득하여 우리의 생명을 학살하니 한국 국내에서는 자유행동을 얻을 수 없는 고로 미국으로 건너가 학업을 닦아가지고 나라를 위하여 헌신하기로 결심하였다.

하와이에 도착한 뒤 그는 곧바로 공부에 전념할 수 없었다. 가장 현실적인 이유는 돈이었다. 결국 전대금前貸金을 받고 수탕수수 농장에서 일 할 수밖에 없는 상황에 놓였다.

당시 동서개발회사는 누구든지 하와이로 가족을 데리고 와서 거주하고자 원하는 자에게 편리를 보아 준다는 광고를 냈다. 광고에는 기후가

이민모집보도(『황성신문』 1903년 2월 12일)

곤경에 처한 이민자(『황성신문』 1903년 5월 22일)

온화하고 학교에는 학비가 없고 직업 구하기가 쉽다고 했다. 월급은 미국 돈으로 보름마다 15원(일본 금화 30원, 대한 돈으로 57원)씩이고 하루 10시간 노동에 일요일은 휴무라고 했다. 심지어 주거·나무·식수·병원비까지 고용주가 지급한다는 파격적인 조건이었다.

하루 살기 바쁜 한인 노동자들은 당장 하와이까지 갈 운임과 여비가 없는 상태였다. 이러한 약점을 이용한 동서개발회사는 한인 노동자·농민을 노동 이민에 유인하기 위해 전대금 제도를 이용하였다. 이 제도는 국내에서 노동 유인책으로 이용되었다. 농장주 마음대로 임금과 노동

조건을 정할 수 있게 하는 착취적 작용을 했다. 한인 이민자들은 인천을 출발하기 전 운임과 50원 정도의 전대금을 받았다. 전명운도 역시 같은 액수의 금액을 받았다고 생각된다. 선불로 받은 전대금을 갚기 위해 하와이 사탕수수 농장에서 2년 동안 임금을 받지 않고 일해야 한다는 조건으로 노예와 마찬가지였다.

꿈을 성취하기 위해 샌프란시스코로 가다

당시 하와이에는 65개의 농장이 있었다. 1903년 1월 13일 하와이에 도착한 최초의 노동 이민 한인들은 오아후Oahu섬 서북 끝에 위치한 와일루아Wailua 모쿨레이아Mokuleea 사탕수수 농장으로 배치되었다. 이들은 새벽 4시 30분에 일어나 12시간 이상 일을 했다. 38도가 넘는 더위 속에 백인 감독의 채찍을 견디며 받은 일당은 남자 67센트, 여자 50센트로 월 16~18불에 불과했다. 이와 같이 이민 한인들은 노동 시간과 노동 강도가 셀 뿐만 아니라 백인 감독의 인종차별과 노예와 같은 대우를 견디어 내어야 했다.

전명운도 모쿨레이아 농장에 배치되었다. 이후 하와이 카우아이Kauai 사탕수수 농장 등 여러 농장을 옮겨 다니면서 임금과 대우가 좋은 미국 본토로 이주할 생각으로 여비를 마련하였다. 1903년 8월 하와이 사탕수수 농장의 노동임금은 67센트였는데 미국 본토에서는 1달러 25센트에서 2달러까지를 받아 최대 3배나 더 받을 수 있었다.

한인들은 노예와 같은 노동에서 벗어나기 위해 미국 본토 이주를 계획하던지 상호보호를 목적으로 한 자치회를 조직하기 시작했다. 1903년 초 한인들은 지방별로 10명 이상의 동포가 거주하는 곳이면 동회洞會를 조직하고 동장洞長과 사찰査察을 뽑아 공공질서와 친목을 도모하였다. 그리고 1903년 8월 7일 하와이 호놀룰루에서 동족단결·민지계발·국정쇄신을 강령으로 하고 "구국정신을 고취하여 일본의 침략행동에 반항한다"는 목적의 정치단체인 신민회新民會가 결성되었다. 회장인 홍승하洪承夏와 윤병구尹炳求·임치정林蚩正 등을 주축으로 한 신민회는 채 1년도 가지 못하고 1904년 4월 20일 해체되었다. 전명운이 여기에 참여했는지에 대한 기록은 현재까지 찾을 수 없다. 그가 있던 지역과 신민회가 있던 하와이 호놀룰루는 지역이 다르고 전대금을 갚고 미국 본토로 가 유학할 생각으로 하루 종일 농장에서 일을 했기 때문으로 보인다.

전명운은 하와이에서 약 1년 동안 일해 여비를 마련한 뒤 1904년 9월 23일 미국 샌프란시스코에 도착하였다. 샌프란시스코는 대한제국 시기부터 한인의 집단 거주지였다. 특히 도심의 페리부두를 중심으로 인근 지역에 한인사회가 형성되어 있었다.

전명운은 샌프란시스코 한인미션(뒤에 상항 한인감리교회)에 거주하면서 부두 노동·철로공사장 노동·채소와 과자 행상·신문 배달·방직공장 보일러실 화부·농장일 등을 하며 생활했다. 한인미션은 1903년 9월 안창호安昌浩 주도로 샌프란시스코 거주 한인들이 조직하였다. 이 단체는 예배를 목적으로 하면서도 새로 넘어온 한인들에게 숙소를 제공하고 일자리를 알선하여 그들이 정착하는 데 상당한 도움을 주었다.

이어 1903년 9월 23일 샌프란시스코 체류 한인 9명은 워싱턴가 차

상항 한인 감리교회

이나타운 내 중국인 광덕光德의 집에서 최초의 한인 단체인 상항친목회桑港親睦會를 조직하였다. 샌프란시스코는 미국 서부 태평양 연안에 위치한 항구도시이다. 1896년 개통된 미국의 대륙횡단 철도 개통 이후 인구가 급증한 곳으로, 산업·문화·교육의 중심지였다. 1900년 이후 한인들은 유학·상업 등을 이유로 그곳으로 이주하였다. 1903년 당시 샌프란시스코에는 인삼장수 10여 명과 고학을 목적으로 온 사람이 10명 정도로 20여 명의 한인이 살고 있었다.

당시 한인들은 생활 수준이 매우 저급하였다. 인삼장수들은 상투를 틀고 중국 사람들에게 인삼을 팔았는데, 행상구역 침범 문제로 분쟁하며 상투를 붙잡고 싸우기 일쑤였다. 1902년 그곳으로 유학을 온 안창호는 이들의 열악한 삶을 보고 자신의 공부보다는 한인들의 주변 환경을 정리하고 인삼장수들의 행상구역을 공평히 정하여 분쟁을 불식시키는 데 힘을 쏟았다. 계를 만들어 인삼 사고파는 것을 협동적으로 하여 신용을 세우게 하였다. 또한 안창호는 샌프란시스코의 동지들과 함께 한인들의 모임이 필요하다고 느끼고 동포들의 노동 주선과 생활 지도를 목적으로 한 상항친목회를 결성하였다.

상항친목회는 회장 안창호, 회원 박선겸·이대위李大爲·김성무金聖武·위영민韋永敏·박영순朴永淳·홍종술洪鍾述·김병모金炳模·전동삼全東三 등의 주도로 만들었다. 이 단체는 환난상부 즉 어려운 일에 처하면 상부상조한다는 것을 목적으로 한 친목단체였다. 1904년경부터 하와이에서 미국 본토로 건너온 한인들의 취업을 알선하고 생활방도를 마련해 주는 등 노동주선소로서 역할을 수행하였다. 전명운은 샌프란시스코에서 도착한 뒤 상항친목회에 도움을 받았을 것으로 짐작되는데 친목회에 가입했는지는 알 수 없다. 상항친목회는 1905년 공립협회共立協會로 발전하였고, 이후 대한인국민회의 모체가 되었다.

공립협회에서 언론·계몽활동에 나서다

전명운이 샌프란시스코에서 가입한 단체는 공립협회였다. 공립협회가 조직된 계기는 1905년 1월 미국 샌프란시스코 노동회총동맹이 일본인·한국인 배척회를 결성하고 5월 샌프란시스코 학무국이 동양 아동의 분리 교육을 결정하는 등 박해가 급증하고 국내에서 일제의 강압에 의한 한일의정서·한일협약 등이 체결되면서 침략이 노골화되었기 때문이었다. 또한 일제가 1905년 1월 재호놀룰루 일본총영사를 대한제국 명예총영사로 임명한 뒤, 같은 해 4월 한인의 하와이 이민금지 등을 시키

안창호와 공립협회 동지(1906)

며 한인들을 일제의 실질적 통치하에 놓으려는 조치도 배경이 되었다. 상항친목회라는 지역적 친목단체로는 미국에서 일제에 효과적으로 대응할 수 없었다. 그러므로 미국 내 한인 보호와 일제에 대한 대항을 위한 강력한 정치단체가 필요하게 된 것이다. 상항친목회는 1905년 4월 5일 항일운동과 동족상애를 목적으로 하는 정치운동기관인 공립협회로 확대·개편되었다.

공립협회는 워싱턴가 차이나타운 왼쪽의 퍼시픽가 938번지(이후 어스턴가 392로 이전)에서 회장 안창호와 송석준宋錫峻·임준기林俊基·이강李剛·임치정·방화중邦化重 등 49명이 주도했다. 공립협회는 창립 이후 미주 각지에 지회를 설립하여 미국 전체를 대표하는 단체로 만들려는데 온힘을 기울였다. 공립협회가 샌프란스코에서 창립된 날 리버사이드에서도 지회가 설립되었다. 이어 레드랜드(1905)·로스앤젤레스(1906)·록스프링스(1907)·솔트레이크(1907)·세크라멘토(1907)·핸퍼드(1908) 등지에도 지회가 설립되는 등 한인사회 중심적인 단체로 발전을 거듭하였다.

1905년 11월 13일 고종의 특사로 미국에 파견된 헐버트Homer Hulbert가 공립협회를 방문하여 을사늑약 체결을 서두르는 일제의 은밀한 움직임과 상황을 전달했다. 이에 공립협회는 일제의 통치에 반대하고 대한제국 영사관을 대신할 자치기관의 위상을 갖추려고 했다. 공립관共立館도 설립하는 등 국권회복을 위한 정비와 아울러 한인사회 대동단결을 강화하고자 노력하였다. 그것은 일제가 1906년 2월 국외 한인의 주재국 일본영사관 영사 보호를 명령하자, 공립협회는 하와이 에와친목회와 함께 재미한인공동대회를 개최하고 배일결의문을 한국 정부에 발송한 것에서도 잘 알 수 있다.

샌프란시스코 한인미션에 숙소를 정한 전명운은 공립협회에 가입·활동했다. 1905년 12월 21일자『공립신보』에 따르면 전명운이 회관 건립을 위해 의연금 5원을 냈다는 기록이 있다. 처음으로 공식적인 그의 활동상을 엿볼 수 있다. 샌프란시스코에 도착한 후 그는 부두와 철로공사장 노동, 채소와 과자 행상 등으로 생계를 유지했다. 보일러실 화부나 농장일 등 비교적 안정된 일자리도 갖게 되었다.

전명운은 1906년경부터는 한인들에게 일자리를 주선했는데 그 과정에서 폭력을 휘둘렀다는 기사도 나왔다. 『공립신보』1906년 5월 20일자에 1906년 5월 14일 목사 문경호를 구타한 사건이 「전타문씨田打文氏」라는 제목으로 보도되었다. 주요 내용은 전명운이 하와이에서 이주해 온 한인 7명을 한인미션에 거주하게 하고 사탕농장 일을 주선했는데 문경호가 반대했다고 한다. 이에 전명운은 문경호가 전도하는 목사이기 때문에 노동 주선에는 관계가 없으므로 구타했다는 이유를 들었다. 이 기사 내용만으로는 전명운이 문경호를 구타한 이유가 명확하지 않다.

『방사겸일기方四兼日記』와 『공립신보』1906년 7월 14일자에 의하면, 샌프란시스코에 지진이 일어난 뒤에 일본 영사가 한인에게 구제금을 준 것과 관련이 있었다. 1906년 4월 18일 샌프란시스코 지진이 일어나자 3,000여 명이 사망했고 30만여 명이 집을 잃었다. 공립협회는 일본의 구제금 수령을 반대하였는데 문경호는 이를 수령한 것이다. 그러자 공립협회 회원인 전명운이 일제의 회유정책에 넘어간 문경호를 응징한 것이 '구타사건'의 본질이었다. 전명운의 성품으로는 일제와 타협한 자를 용서할 수 없었던 것이다. 이 일화에서도 불의와 타협하기 않는 전명운의 곧은 성품을 엿볼 수 있다.

공립협회는 1905년 10월 27일 공립관을 건립하고 11월 20일 『공립신보』(창간호는 11월 22일 발행)를 창간하였다. 이 신문은 공립협회 기관지로서 1909년 2월 『신한민보』로 개칭될 때까지 발간되었다. 창간호에서 "본 신문의 주의는 옳은 이치를 동포에게 충고하야, 동포들이 본지를 말미암아 원수를 배척하고 우리 종족을 보존할 마음이 나게 하며 모든 부패한 사상과 추악한 습관을 버리고 마음과 새정신으로 개명 상에 나아가게 하여, 원기를 강하게 하여 당당한 독립권리를 붙잡게 하며, 또 형편을 기록하야 시무를 깨닫게 하며 내국에 있는 동포들의 정황을 기재"함으로써 구국언론을 통한 국권회복을 지향하였다.

초대 사장에는 안창호가 선임되었고, 주필에는 송석준이 임명되었다. 재정상의 어려움으로 월 2회 순한글

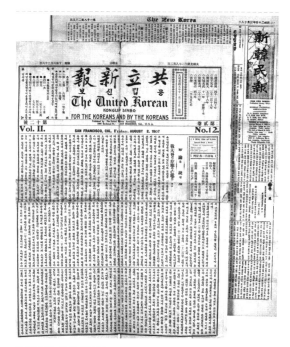

『공립신보』와 『신한민보』

석판인쇄石版印刷로 발행되었다. 처음부터 순한글판으로 발행된 것은 순수한 우리말을 사용하여 독자들이 쉽게 읽을 수 있게 하려는 의도였다. 당시는 재정 상태와 기계 미비 등으로 300부 정도 발행하였다. 1907년 4월 26일 제2권 1호부터 활판인쇄로 간행하였다. 편집인 겸 발행인은 정재관, 인쇄인은 이교담李交倓이었고 사옥은 샌프란시스코 오클랜드가로 이전하였다.

『공립신보』의 영문명은 『The United Korean, Konglip Sinbo』이

『해조신문』 창간호(1908년 2월 13일)

고, '한국인을 위한, 한국인에 의한For the Koreans and by the Koreans'을 병기하였는데 이는 『공립신보』가 한국인의 국권회복사상과 국민주권국가를 지향하였음을 뜻한다. 『공립신보』는 4면 4단으로 1면 논설·협회요록協會要錄·본국소문, 2면 (각국)전보·잡보, 3면 기서·외보·별보·광고, 4면 본사고백·특별광고·광고 등으로 구성되었으나 일정치 않았다. 1907년 4월 제2권 창간호 논설에서는, 독립전쟁을 통한 국권회복 후 공화정 수립을 목표로 내세웠다. 이는 보다

강력한 민족운동기관지로 전환하였음을 뜻한다. 『공립신보』는 하와이의 『합성신보合成新報』(후에 『신한국보新韓國報』로 계승), 해삼위의 『해조신문海潮新聞』(후에 『대동공보大東共報』로 계승)과 더불어 애국계몽운동기의 해외 3대 항일민족언론지로서 위상을 확보해 갔다.

1907년 10월 26일 전동삼·김윤경·조성환·전명운·장라득·박창선 등은 「신보 확장할 취지서」를 발표하며 의연금을 모집하기도 했다. 같

은 해 11월 15일자부터는 제호 형태를 '지구의 그림 위에 태극마크'로 하였고, 4면 7단으로 개편되어 『신한민보』로 바뀔 때까지 유지하였다. 1면에 논설·내보, 2면에 전보·잡보·회보·사고, 3면에 역등·기서, 4면에 광고·특별광고·사고 등이 배치되었다. 1907년 4월 제2권 창간 당시에는 미국 3개, 한국 4개 지사가 설치되었으나, 1908년 11월경에는 미주 7개, 하와이 4개, 블라디보스토크 3개, 한국 39개, 멕시코 1개 지사가 설치되었다. 지사는 대체로 공립협회 지회의 소재지에 설립되었다. 국내 지사는 평안도 18개, 경상도 7개, 함경도 5개, 황해도 4개, 서울 3개, 경기 2개였으며, 4,000여 부 이상이 배포되었다.

일제는 1907년 7월의 「신문지법」으로 외국인이 한국에서 발행하는 신문과 한국인이 외국에서 발간하는 신문인 『대한매일신보』·『공립신보』·『대동공보』 등을 규제할 수 없자, 1908년 4월 「신문지법」 개정을 단행하는 한편, 1908년 5월 5일 「신문지법 압수처분에 관한 내규」와 「신문지 압수에 관한 집행요령」을 제정하였다. 그리하여 『공립신보』는 1908년 3월 18일자(제74호)가 압수되기 시작한 것을 비롯하여, 1908년 12월 30일자(제114호)까지 총 40호 중 22차례에 걸쳐 압수처분을 받았다. 운영은 대부분 회원들의 의연금義捐金으로 이루어졌다. 1년간 경비를 살펴보면, 총회 비용이 670원인데 비해, 공립신보사의 경비는 3,648원으로 총회 비용의 5.5배에 달하였다. 1909년 2월 공립협회와 하와이의 합성협회가 국민회國民會로 통합되자 『공립신보』는 국민회 북미지방총회 기관지인 『신한민보』로 개칭되었다.

한편 공립관에서는 매주 토요일마다 토론회를 개최하는 등 한인사회

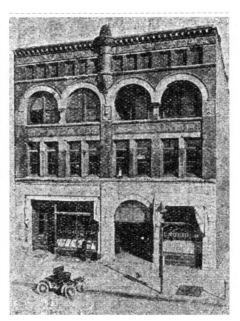
『공립신보』 사옥

통합에 노력했다. 전명운은 토론
회에 연설하는 등 공립협회 활동
에 열성적으로 참여했다. 『공립신
보』에서 전명운의 주요 활동상을
살펴볼 수 있다.

1906년 12월 공립협회 샌프란
시스코지방회 응접위원으로 선출
되었다. 응접위원은 말 그대로 대
내외 인물을 접촉하는 임무를 가
진 것으로 보인다. 1907년 9월
『공립신보』에 의연금 1원을 내고,
1907년 9월 세크라멘토 동포들
이 공립관을 설립하기로 결정하자
2원 50전을 1년 동안 냈다. 1907

년 10월 26일 「신보 확장할 취지서」 발기인이 되었다. 취지서에서는 국
가를 부강케 하고 국민을 문명케 하는 요소로 정치·법률·군대·경찰·
상업·공업·농업·교통을 들고 있다. 우리나라는 이 여덟 가지가 부패
함으로 식민지로 타락했다고 진단했다. 그러나 우리의 현실에서 이 여
덟 가지 전문학교를 세우고 교육하기는 어렵다고 판단하였다. 『공립
신보』는 이러한 역할을 할 수 있다고 자임했고 유학을 꿈꾸고 온 전명
운도 현 상황에서 『공립신보』를 통해 자신과 같은 처지의 동포들을 위
해 발기인이 되었다고 할 수 있다. 국내에서 발행되는 몇몇 신문은 일

제의 압제와 탄압으로 좋은 언론과 좋은 사상을 자유롭게 쓸 수 없기 때문에 『공립신보』가 한국인의 혼과 얼을 담은 신문이 될 수밖에 없었다.

미국에 있는 우리의 공립신보는 완전 자유세계에서 고상한 언론과 특별한 사상으로 각국의 외교와 내치를 종종 게재하니 이는 정치요, 춘추의 옳은 붓으로 상벌이 분명하니 이는 법률이요, 분격한 말로 민심을 고동하여 몸을 돌아보지 않고 적군에 나가게 하니 이는 군대요, 널리 탐보하여 죄있는 자를 용납지 못하게 하니 이는 경찰이요, 물가의 시세와 무역의 정형을 시시 보고하니 이는 상업이요, 제조 건축의 발달을 광고하니 이는 공업이요, 곡식의 품류와 지질의 비척을 평론하니 이는 농업이요, 동포의 사상 휴척과 일반 소식을 급전하니 이는 통신이라. 이로써 보건데 공립신보는 우리 남녀의 이상 여덟 가지 보통전문학교라 하여도 무방하도다. 국권을 속히 회복하고 못함은 공립신보를 속히 확장하는 데 있다.

『공립신보』 1907년 11월 8일 「신보 확장할 취지서」

전명운은 발기인이 된 이후 공립협회가 주최한 토론회에서 연사로 연설을 했다. 생업을 갖고 있던 미주동포들을 위해 토론회는 공립관에서 토요일에 개최되었다. 공립협회 회원이 다수 참여하여 당시 조국의 현실과 동포들의 삶에 대한 주제로 찬반 토론이 진행되기도 했다.

『공립신보』에 의하면 전명운은 4번 토론회 연사로 연설하였다. 1907

년 9월 28일 샌프란시스코 지방회 공립관에서 개최된 토론회에서 '식산만 풍부하면 경제가 부족하더라고 재정을 가히 부케 한다'는 취지로 연설하였다. 같은 해 10월 19일 공립관에서 개최된 토론회에서는 김길연金吉淵과 함께 "국권을 회복하는 데는 날카로운 병기보다 담력이 승하다"는 문제에 대해 찬반 입장에서 연설하였다. 전명운은 일제의 무력에 식민지화되어 가는 조국을 보면서 아마 담력에 맞춰 연설을 했을 것이다. 같은 해 11월 16일에는 "영웅은 시세를 돌아보지 아니한다"는 주제에 대해 반대 입장의 연사로 연설했다. 1908년 2월 2일 샌프란시스코 한인청년회 주최 토론회에서는 '모험시대'라는 주제로 연설하였다. 토론 주제에 대한 보도만 있어 어떠한 내용의 연설을 했는지 알 수 없지만 조국의 현실을 타파하기 위해서는 의열투쟁을 전개해야 한다는 내용이었을 것이다. 또한 알래스카 일자리를 주선 한 것으로 볼 때 개척자적·도전적 사업에 나설 것을 공립협회 회원들에게 촉구했을 것으로 생각된다.

미주 한인들의 일자리를 주선하다

공립협회의 토론회 연사로 활동한 경력으로 볼 때 전명운은 샌프란시스코에서 지도적 위치에 있었다고 할 수 있다. 그가 샌프란시스코에 도착할 무렵에는 황화론Yellow Peril이 팽배해 있었다. 황화론은 1904년 11월 캘리포니아주 노동회총연맹이 황인종배척회를 결성하고 1905년 3월 캘리포니아주 의회에서 「일본인이민제한법」이 통과되면서 본격화되었다. 1906년 10월 샌프란시스코에서 일본인 학생의 미국 학교 입학 금지 등 일본인 배척운동이 격화되었다. 미국인의 반일 감정으로 미일전쟁설이 널리 유포되기도 했다. 이러한 상황에서 미주 한인들은 『공립신보』를 통해 미일전쟁설에 입각한 독립전쟁론을 주장했다. 황화론은 한편으로 반일정서를 고취했고 우리에게는 '기회'이기도 했다.

황화론의 직접적 대상은 일본이었지만 한인 사회에도 영향을 미쳤다. 그것은 취업 제한과 임금의 저하로 나타났다. 학비를 마련하기 위해 샌프란시스코로 온 전명운도 목적을 이룰 수 없었다. 그러자 전명운은 알래스카로 눈을 돌렸다. 당시 알래스카는 풍부한 어장이 형성되어 있어 어업과 통조림공장 등 수산물 가공업이 발달해 있었다. 그는 1908년 2월 26일 김길연과 함께 『공립신보』에 알래스카 인부 모집 광고를 냈다.

본인 등이 알래스카 일을 원사에 약조하고 도급을 맡아 방금 인부를 모집하오니 가기 원하시는 이는 3월 그믐 안으로 샌프란시스코에 내임하시옵. 고가는 150이온데 작년에 갔던 동포 중에 일을 배온 이는 180원까지 줍니다. 근일 동양인 배척으로 노동도 귀한 때에 이같이 편한 일에 큰돈을 벌고저 하시면 이 기회를 잃지 마시옵.

광고에 의하면 알래스카 본사에서 도급을 받아 3월 그믐까지 인부를 모집하는 데 최고 임금은 150원(경험자는 최고 임금 180원)이라고 했다. 1910년대 미주 한인 농장 노동자들이 시간당 20~29센트(1일 10시간 30

일 노동할 경우 60~87달러)인 것에 비하면 알래스카 임금은 두 배 이상이었다. 이처럼 당시 미국에서 동양인에 대한 배척으로 일자리가 없는 한인들을 위해 전명운은 적극적으로 일자리를 주선하고 있었다.

또한 알래스카 어장에서 자신과 한인들의 임금을 착취하고 탄압하던 일본인 감독을 응징하기도 했다. 이는 「양의사 합전」에 다음과 같이 쓰고 있다.

의사가 알래스카 어장에 있을 때 일본인 감독관 아래서 힘든 일을 맡아 하였다. 당시 알래스카에 온 동포들은 어업 종사 외에는 달리 직업을 얻기가 어렵고 타처와 교통이 불편해 출입이 여의치 못한지라. 이를 빙자한 일본인 감독관은 한인 노동자들에게만 위험한 노역을 강요하는 등 비리와 학대를 일삼았다.

의사는 그 무법 잔학함을 분히 여겨 가로되 나는 이 같은 대우와 이 같은 고초는 결단코 견디지 못할 바라 나를 해고하기를 청하노라. 감독관은 이 말을 듣고는 육혈포를 겨누며 위협하여 가로되 너는 이것을 보고 말하라 하자 의사는 미리 몸에 감추었던 육혈포를 꺼내 마주 겨누며 말하기를 나는 네가 이러한 악행을 부릴 줄 알았노라. 나는 오늘 너 같은 자의 무도 불법한 행위가 세상에서 자취를 감추게 하리라고 일갈했다.

이에 감독관은 크게 놀라 사죄하며 그만두길 허락하였는데 그 후 감독관은 또 다시 다른 동포의 임금을 착취하거나 기일이 지나도록 상환치 아니하는지라. 마침 의사가 길에서 감독관을 만나 임금 지불을 충고해도 듣지를 아니하는 고로 두 발로 번개같이 차며 주먹으로 내리치니 일본인 감독관은 지갑에 있던 돈을 모두 꺼내 양손으로 바쳤고 이를 목격한 한인들은 모두 통쾌해했다.

이처럼 알래스카에서 일한 경험과 일본인 감독을 응징하여 임금 등의 착취를 없애 한인들의 일자리 주선을 통해 학비를 마련하고자 했던 전명운의 계획은 샌프란시스코에 스티븐스가 도착하면서 무산되었다.

03 일제의 앞잡이 스티븐스

일본의 침략정책에 편승하다

스티븐스Durham White Stevens는 1852년 2월 1일 워싱턴 오하이오주에서 태어났다. 1871년 오버린대학을 졸업하고 콜럼비아대학·워싱턴대학·하워드대학 등에서 법학을 전공했다. 이후 변호사가 된 뒤 1873년 7월 빙햄John A Bingham 판사가 주일미국공사가 되었을 때 공사관 서기관이 되었다. 1878년 10월부터 1879년 5월까지 빙햄 공사가 휴가였을 때, 스티븐스는 대리공사로 근무하면서 일본 관리와 밀접한 관계를 맺기 시작했다. 스티븐스는 일본 외교 관리들에게 기존 일본의 대외조약이 불평등 조약이기 때문에 평등 조약으로 개정해야 한다고 말했다. 이러한 스티븐스의 입장은 일본 정부로 하여금 그를 모셔 오기에 이르렀다.

스티븐스는 1882년 10월 재일미국공사관 서기관직을 사임하고 같은 해 11월 1일 일본외무성 관리가 되었다. 당시 월급이 350원이었다. 대미외교를 일본에게 유리하게 하려고 주미일본공사관 서기관 란만Charles

Lanman과 교체된 스티븐스는 일본의 대미외교 강화에 헌신했다. 그 결과 1884년 2월 1일 무기한으로 월급 400원을 받는 일본외상의 비서관이 되었다.

스티븐스

1884년 12월 갑신정변이 실패한 뒤, 일본공사 다케조에 신이치로竹添進一郎와 김옥균金玉均 등이 일본으로 도망하였다. 이토伊藤의 법률자문인 이토 미요지伊東巳代治는 일본공사가 군대를 동원하여 한국 왕궁을 습격한 것은 조약 위반이고 본국 훈령을 따르지 않은 중요한 실책이라고 지적하면서도 재한 권익보호와 일본공사의 실책을 변호하기 위해 외교적 공세를 취해야 한다고 건의했다. 스티븐스도 일본외상에게 한국 정부에 대한 사죄불가와 대한 위협 외교만이 일본의 권익을 보장하는 최상책이라고 헌책하였다.

이토 미요지伊東와 스티븐스의 건의가 채택되어 1885년 1월 3일 일본외상 이노우에 가오루井上馨는 일본 특권전권대사로 스티븐스와 일본군 2개 대대를 이끌고 서울에 왔다. 위협 외교정책으로 일관하라는 스티븐스의 건의와 일본외상의 사실 은폐로 한국 정부의 사죄와 배상금 15만 원의 지불을 강요하는 한성조약이 1885년 1월 9일 체결되었다. 스티븐스는 이 조약의 공로로 일본 정부로부터 3등 욱일중수장旭日中綬章을 수여받고 봉급도 50원이 올랐다.

이후 일본 국내에 거주하는 외교인에 대한 치외법권을 규제하는 법안 '경찰의 외국거류민 취급안내서'를 입안·제출하여 일본이 외국과 체결한 불평등 조약의 치외법권 조항을 규제함으로 일본의 주권을 강화하는데 일조했다. 나아가 일본이 외국과 맺은 불평등 조약의 무역 조항을 개정하는 일에 참가했다. 이 개정은 성과 없이 끝났다.

일본 정부는 미일조약의 개정을 정책 과제로 수정했다. 대미외교 강화가 필요했다. 이에 일본외상은 스티븐스를 1887년 9월 18일 주미일본공사관 외국인공관원으로 임명하여 워싱턴으로 파견했다. 그에게는 워싱턴 정가에 친일 여론을 조성하라는 '특수한 임무'가 부여되었다. 미국 고위 외교관들과 교섭을 통해 미일조약 개정의 필요성을 설득하고 언론을 통해 미국인들에게 일본에 대해 호감을 갖도록 여론을 조성하는 것이 첫 번째 임무였다. 스티븐스의 비밀 외교활동은 1889년 2월 미일 신조약의 체결로 나타났다. 이 조약은 일본이 외국과 맺은 불평등 조약을 폐기하는 과정의 첫 단계로 평가받고 있다.

스티븐스는 일본에서 무쓰 무네미쓰陸奧宗光 외상과 일본이 미국과 맺은 불평등 조약을 완전한 평등 조약으로 개정하기 위해 미일통상항해조약 원안을 마련했다. 이 원안은 1893년 7월 일본각의에서 통과되었다. 다시 워싱턴으로 파견된 스티븐스는 미국과 1894년 11월 22일 미일통상항해조약을 체결하게 했다. 이 조약은 1899년부터 발효되었고 이후 서구열강과 맺은 조약도 평등 조약으로 개정하는 데 표본이 되었다.

스티븐스는 일본과 미국을 오가며 일본의 불평등 조약을 개정하는 데 큰 역할을 하는 한편으론 일제가 한반도를 식민지화할 수 있게 지원하는 '비밀임무'도 수행했다. 스티븐스는 한 나라의 불평등 조약을 개정하면서 뒤에서는 그 나라의 제국주의적 야욕을 채워 주는 모순적인 인간이었다.

스티븐스가 워싱턴에서 평등 조약을 맺기 위해 활동할 때 한반도에서는 청일전쟁이 벌어지고 있었다. 청일전쟁은 일제가 한반도를 식민지화하기 위해 불법적으로 일으킨 전쟁이었다. 이러한 청일전쟁에 대한 일제의 입장을 대변하여 미국에서 친일 여론을 조성하는 것이 스티븐스의 첫 번째 '사업'이었다. 그리고 일본해군증강계획을 추진하기 위한 전함 구입이 두 번째 임무였다. 칠레 군함을 비밀히 구입하는 데 성공한 스티븐스는 일본 정부로부터 2,500달러의 사례비와 1895년 11월 1일에는 2등 서보장瑞寶章의 서훈과 은사금 3,000엔을 받았다.

시모노세키下關에서 청일전쟁의 강화회담이 이토 히로부미와 리훙장李鴻章 사이에 개최되었을 때, 이토 히로부미의 외교고문으로 수행하여 1895년 4월 17일 시모노세키조약을 체결하는 데 일조했다. 시모노세키조약은 일본이 한국과 만주까지를 군사적으로 점령하려는 야욕을 표출한 최초의 외교문서였다.

1897년 4월부터 스티븐스는 하와이에서 일본인의 미주 이민문제의 해결, 워싱턴에서 일본에 유리한 관세법안의 통과, 1897년 10월 바다표범어업의 타결에 성공 등 미국에서 일본의 권익을 위해 활동했다. 이러한 공로로 일본은 그에게 1898년 4월 1일 욱일중광장旭日重光章을 수여했다.

이어 일본은 스티븐스를 러시아 세력을 한반도로부터 구축하는 데 이용했다. 그것은 1900년 4월 1일부터 1905년 3월 31일까지 월급 700엔의 계약으로 나타났다. 일본의 꼭두각시로 지하에서 비밀 외교를 해온 스티븐스는 더욱 일제의 침략정책을 충실하게 수행하는 충견忠犬이 되어 갔다.

일본을 위해 일하는 대한제국 외교고문이 되다

일본은 1904년 러일전쟁에서 이긴 다음 한반도의 식민지화 정책을 구체화해 나갔다. 1904년 2월 23일 한일의정서에서 한국 황실의 안전과 평안을 보장하고 한국의 독립과 영토 보전을 약속했다. 그러나 같은 해 8월 22일에는 한일협약을 강제로 체결하면서 식민지화 정책을 노골화했다. 이른바 고문정치로 포장된 간접 통치였다. 이 협약에 따라 일본은 재정고문 메가타 다네타로目賀田種太郎, 외교고문 스티븐스를 선임하였다. 그리고 협약에 없는 군사·경무·궁내부 등에도 고문을 배치했다. 지하에서 활약하던 스티븐스는 이제 대한제국의 외교고문이라는 '합법'적인 직함을 가지고 식민지화의 첨병이 되었다. 고문정치의 시작은 대한제국 국정운영의 실권을 일본이 장악했다는 것을 의미했다.

1904년 8월 21일 워싱턴에서 대한제국 외교고문 관직을 수락한 스티븐스는 같은 해 10월 14일 도쿄에 도착했다. 일본 정부는 훈1등 서보장瑞寶章을 수여했고 일본외무성은 스티븐스 용빙조약초안에서 그의 추천 이유를 다음과 같이 밝혔다.

한국의 외정은 제국의 이해와 가장 긴절하고도 중요한 관계를 가진다. 그러므로 제국정부는 이에 대해 적당한 감독을 가하는 것은 한일 양국의 현재와 장래의 관계를 고려해 볼 때 절대로 필요하다. 제국정부는 20여 년간 계속 제국을 위하여 진력한 귀하의 재능과 충실에 대하여 충분히 신용하고 있으며 귀하를 외교고문으로서 한국 정부에 추천하며 전기 한일협약을 실행할 것을 내결內決하였는바 귀하도 이에 동의하였으므로 상기한 자격으로서 귀하를 용빙하기로 이미 한국 정부와 내의를 마쳤다.

일본은 스티븐스가 지금까지 일본 정부의 대외정책에 따라 움직이는 충실한 하수인의 역할을 했기 때문에 그를 고용한 것이라고 했다. 그리고 '기밀 내훈內訓 3조건'을 엄수할 것을 지시했다. 한일 외교를 수행할 때 외교상 중요한 안건은 재한제국공사와 협의한 후 그의 동의를 얻어서 조치할 것, 제국정부의 대한방침은 수시로 제국공사에게 내시內示할 터인즉 귀하는 이에 배치되지 않도록 주의할 것, 한국 외교상 중요한 관계사항은 신속하고도 숨김없이 제국공사에게 통보해야 하며 또한 제국정부에 대하여 어떤 보고나 의견을 제출할 경우에는 제국공사를 경유하거나 직접 외무성에 제출할 것 등이었다. 이 3조건은 스티븐스가 일본 정부나 재한제국공사의 입장을 대변하는 꼭두각시의 역할에 지나지 않음을 명시한 것이었다.

한국 정부의 외교고문임에도 아무런 사전협의 없이 스티븐스를 선임하고 그에게 비밀 지시까지 내린 일본은 스티븐스의 월급을 1,000원으로 정하고 한국 정부가 지급하라고 했다. 뒤에 한국 정부가 800원 일본

정부가 200원을 책임지기로 하는 수정안이 채택되었다. 당시 '고문'들의 월급 300원의 3배가 훨씬 넘는 액수였다.

1904년 12월 11일 서울에 도착한 스티븐스는 누마노 야스타로沼野安太郎을 고문서기관으로 임명하고 고종 황제를 알현했다. 1904년 12월 27일 외부대신 이하영李夏榮과 스티븐스 간에 외교고문용빙계약이 체결되었다. "대한국외무대신 이하영은 칙명을 봉유奉有하여 대일본제국정부에서 외교고문으로 대한국정부에 추천한 미국인 스티븐스 간에 다음 약관을 정결訂結함"이라는 전문의 용빙계약은 다음과 같다.

제1조 대한국외무대신은 본 계약의 소재所載조건을 따라 스티븐스를 외교고문으로 외무에 고빙하고 스티븐스는 그 자격으로 외부의 시무함을 약할 사

제2조 스티븐스는 대한국정부와 타국정부 혹은 인민 간에 기한 일체 외교상 및 기타 안건에 관하여 성실히 심의 기안하는 책責에 임할 사

제3조 대한국외무대신은 외교에 관하는 일체 왕복문서를 스티븐스에게 개시開示하고 또 전조에 기재한 일체 외교상 및 기타 안건은 반드시 미리 스티븐스의 동의를 경한 후에 처리할 사. 스티븐스는 외교에 관하는 의정부회의에 참여하며 외교에 관하는 의견을 외부대신을 요要하여 의정부회의에 제출함을 득할 사

제4조 스티븐스는 대한국 황제폐하에 알현을 청하여 외교사항에 관하여 상주함을 득할 사

제5조 스티븐슨의 봉금은 월액 금화 800원으로 정하고 매월 말일에 지

급할 사. 이 봉급 외에 대한국정부는 상당한 관사를 스티븐스에게 공급할 사. 단 상당한 관사를 공급치 못할 시에는 관사료로 월액 금화 100원을 스티븐스에게 급여할 사

제6조 스티븐스가 사가賜暇를 인하여 본국이나 일본국에 내왕하거나 혹은 본 조약이 파한 뒤 일본국이나 본국에 귀거할 시에는 선차료 실비(일본 왕래에 금화 300원, 본국 귀거에 금화 700원)를 지급할 사. 공무를 인하여 여행할 시에는 선차료 실비 외에 일일 금화 10원을 지금할 사

제7조 본 계약은 미리 기한을 예정하지 아니하되 각 일방에 해약하는 필요가 기한 시에는 호상 협의 후 재경성일본제국대표자의 동의를 경하여 파함을 득하고 또 일본제국정부에서 사의事宜를 인하여 본 계약 파함을 청구한 시에는 대한국정부는 응락하고 또 스티븐스는 이론異論을 제창치 못할 사

제8조 본 계약은 재경성일본제국대표자의 동의를 득하지 아니하면 변개하지 못할 사

스티븐스의 용빙계약은 처음부터 끝까지 한국 정부에 불평등하게 이루어져 있다. 한국 정부는 단지 외부고문 스티븐스에게 월봉과 출장비 등을 지원하는 수동적 존재였다. 일본 정부는 스티븐스가 한국 외교상 모든 사항을 심의하고 의정부회의에 참석하며 고종을 알현하는 권한을 부여했다. 그러나 계약은 재경성일본제국대표자의 동의가 있어야 파기할 수 있고 계약 내용도 고치지 못하게 되어 있다. 일본 정부는 스티븐

헐버트

윤치호

스를 언제든지 해임할 수 있고 스티븐스는 계약 파기에 대한 이의를 제기할 수 없는 꼭두각시의 역할에 지나지 않았다.

이와 같이 스티븐스는 일본의 충견이 되는 조건으로 당시 외국고빙자들의 3배 이상의 봉급과 과다한 출장비를 받았다. 그리고 한국 외부의 모든 외교문서의 열람과 언제든지 고종을 알현할 수 있는 권한을 가지고 일본을 대신해서 한국을 침략하는 대리자가 되었다.

당시 헐버트는 "한국의 대외관계는 스티븐스에 의해 전적으로 일본의 이익을 위해 요리되고 있다"고 정확히 지적했다. 윤치호尹致昊도 스티븐스의 외교고문관 부임을 다음과 같이 비난했다.

일본이 외부에 천거한 미국인 고문관 스티븐스는 어저께 서울에 도착했다. 그는 일본을 위해 일하면서도 한국 정부가 봉급을 지급하고 있다. 그는 고문관을 가장하고 일본 상사商社를 위해 일하는 밀정 역을 담당하고 있다. 그는 보통의 노예라기보다는 앞잡이에 불과하다. 그는 일본 상사의 지시를 받고 일을 해야 하고, 또 언제든지 해고될 수 있다. 미국인으로서 이처럼 노예적인 주종관계를 수락했다는 것은 나로서는 놀라운 일이 아닐 수 없다.

일본 정부가 봉급을 지불한다면 일본을 위해 일을 하는 것은 너무나 당연한 일인 것이다. 그러나 이 사람은 한국 정부로부터 봉급을 받아먹으면서, 압제자 일본을 위해 일을 하다니, 스티븐스야말로 어찌 자랑스러운 미국인이라고 할 수 있겠는가.

고종과 이용익李容翊 등은 스티븐스의 외교고문 고용에 대한 희망을 걸기도 했다. 그것은 조미조약을 비롯한 구미열강과의 조약의 제1조 거중조정居中調停, 국제기구나 국가 또는 개인 등 제3자가 국제분쟁을 일으킨 당사국 사이에 끼어 분쟁을 평화적으로 해결하는 일에 기대를 두었기 때문이다. 이용익은 "러일전쟁이 일어날 경우 한국은 중립을 선언하고 존수하면 된다. 만약 우리의 중립이 깨어지면 구미열강은 지체없이 행동을 개시해서 우리를 보호해 줄 것이다"라고 당시 한반도 정세를 낙관적으로 인식했다. 고종은 재한미국공사 알렌에게 러일 양국의 각축장에서 미국의 구원을 요청하며 미국이 한국을 구원해 줄 것이라고 확신했다. 재한미국공사 알렌은 거중조정 조약에 따라 한국을 지원하려 했지만 루스벨트 정부의 거부와 스티븐스의 월권행위로 좌절되었다.

스티븐스는 한국인들의 미국에 대한 희망을 사전에 봉쇄하는 데 주력했다. 그의 대뇌에는 "일본인은 관후한 국민이며 기노모 입은 천사의 나라"라고 각인되어 있었다. 심지어 스티븐스는 한국인들에게 뿐만아니라 미국의 권익보다는 일본의 권익을 위해 행동하자 재한미국실업인들에게도 배척을 받았다. 1905년 2월 14일 이용익은 고종을 폐현하려는 스티븐스에게 "한국 정부 외교고문으로 계약에 따라 한국 독립유지

월리엄 하워드 태프트

를 위해 최선의 노력을 해줄 것을 희망한다"고 말했다. 그러나 스티븐스는 직책 수행상 외교문제를 협의하기 위해 고종을 폐현한다고 하면서도 한국 독립 문제는 거론할 생각이 전혀 없다고 대답했다. 오히려 고종이 러시아 등 구주열강에게 한국 독립 보존을 호소하는 한제밀서韓帝密書가 탄로되어 스티븐스에게 엄중 항의를 받았다.

을사늑약 체결에 앞장서다

가쓰라 다로

일본은 1905년 1월 초 러시아가 장악하고 있던 뤼순항을 함락하고 5월 27일에는 러시아 발트함대를 대한해협에서 대파했다. 이로써 한반도에서 러일의 각축은 일본의 승리로 끝났다. 이미 일본각의는 1905년 4월 8일 한국 보호 확립을 결의했고 러일전쟁의 승리를 기반으로 같은해 7월 29일 미국 대통령 루스벨트의 특사인 육군장관 윌리엄 하워드 태프트Willian Howard Taft와일본의 총리 가쓰라 다로桂太郎가 도쿄에서 비밀리에 '태프트·가쓰라 비밀협정'을 체결했다. 비밀협정은 "미국이 필리핀을 통치하고 일본은 필리핀을 침략할 의도를 갖지 않으며, 극동의 평화유지를 위해 미국·영국·일본은 동맹관계를 확보하고, 미국은 일본이 한국에 대한 보호권을 갖는 것이 러일전쟁의 논리적 귀결이며 이는 극동의 평화에 직접적으로 공헌할 것으로 승인한다"는 것이었다. 바로 미국이 일본의 한국 지배를 묵인하는 대신 일본은 미국의 필리핀 침략을 묵인하고 일본이 한국에서의 자유행동권을 인정한다는 사실이었다. 또한 일본은 1902년 1월 영국 런던에서 맺은 제1차 영일동맹에 이어 1905년 8월 제2차 영일동맹을 맺었다. 제2차 영일동맹의 핵심은 영국은 일본의 조선에 대한 지도감독과 통제 및 보호권을 인정한다는 것이었다. 이로서 일본은 미국·영국이라는 제국주의 열강으로부터 한국의 침략을 국제적으로 '인정'받았다.

스티븐스는 1905년 6월과 10월 한국 정부로부터 거액의 여비를 받고 두 차례 일본 출장을 다녀왔다. 6월의 출장은 한국보호국 수립계획의 일정을 협의하기 위한 것이었다. 스티븐스의 10월 미국 출장은 1905년 9월 5일 미국 포츠머스에서 러시아와 일본의 전권대사가 미국의 중재로 직접 회담한 결과 맺어진 '포츠머스강화조약'과 같은 해 9월 9일 미국 루스벨트 대통령이 일본의 한반도 보호국 수립 계획을 승인한 직후 이루어졌다. 이 같이 스티븐스의 출장 목적이 일본의 한국보호국화를 추진하는 데 있다는 것을 한눈에 알 수 있다. 일본 전권외상 고무라 주타로小村壽太郎와 러시아 전권 재무장관 비테가 체결한 포츠머스강화조약은 전문 15개조로 이루어져 있다. 주요 내용은 "러시아는 한국에 있어서의 일본의 우월권을 승인한다. 청국 정부의 승인을 전제로 요동반도의 조차권과 창춘長春·뤼순旅順 간의 남만주철도를 일본에게 위양할 것, 러일전쟁의 배상금을 묻지 않는 대가로 북위 50도 이남의 사할린樺

太島을 일본에 할양할 것, 연해주 연안의 어업권을 일본에 허락할 것" 등이었다. 이 조약의 협의과정에서 러시아는 "한국 황실의 주권을 침해할 수 없다"고 주장했는데 이 내용은 조약문에는 들어가지 않고 비망록에만 "일본이 한국 정부의 승인하에 정치적으로 간섭할 수 있다"고 들어갔다. 이 비망록 내용은 일본이 한국을 군사적으로 점령하려고 해도 한국의 승인 하에 진행할 수밖에 없는 약속 때문에 당장 식민지화시킬 수 없었다. 그러나 한국 정부의 승인만 얻으면 한국을 식민지화할 수 있는 것이었다.

일본이 한국 정부의 승인을 얻는 포츠머스강화조약의 '약속'은 결국 군사력을 동원하여 강제적으로 체결한 '을사늑약'으로 이루어졌다. 1905년 11월 17일 '을사늑약'이 수천 명의 일본헌병이 대한제국의 왕궁을 포위한 가운데 대한제국의 외무대신 박제순朴齊純과 일본 정부의 하야시 곤스케林權助에 의해 불법 부당하게 체결되었다. 전문과 5개 조항, 결문으로 이루어진 늑약에는 박제순과 일본특명전권공사 하야시의 서명으로 체결되었다. "한국 정부와 일본국 정부의 공통의 이해를 위해 한국이 부강해질 때까지"라는 형식상의 조건이 붙은 전문과 실제적 내용을 갖는 5개 항으로 이루어졌다.

을사늑약 5개 항

① 일본국 정부는 재도쿄 외무성을 경유하여 한국의 외국에 대한 관계 및 사무를 감리·지휘하며, 일본국의 외교대표자 및 영사가 외국에 재류하는 한국인과 이익을 보호한다.

日本國政府及韓國政府는兩帝國을結合
言는利害共通의主義를鞏固케言을欲言
야非韓國의富强之實을認言時에至言가
지此目的으로써左開條款을約定言

第一條 日本國政府는在東京外務省으로
由言야今後에韓國의外國에對言는關係
及事務를監理指揮言이可言고日本國
의外交代表者及領事는外國에在言는
韓國의臣民及利益을保護言이可言

第二條 日本國政府는韓國과他國間에現存
言는條約의實行을完全히言을任에當言고韓
國政府는今後에日本國政府의仲介에由지
아니言고國際的性質을有言는何等條約이
나又約束을아니言을約言

第三條 日本國政府는其代表者로써韓國

皇帝陛下의闕下에一名의統監을置호되
統監은專혀外交에關言는事項을管理言
을爲言야京城에駐在言고親히韓國
皇帝陛下에게內謁言는權利를有言며日本
國政府는又韓國의各開港場及其他日本
政府가必要로認言는地에理事官을置言는
權利를有言되理事官은統監의指揮之
下에從來在韓國日本領事에게屬言든一
切職權을執行言고并言야本協約의條款을
完全히實行言을爲言야必要言一切事務를
掌理言이可言

第四條 日本國과韓國間에現存言는條約及約束
은本協約條款에抵觸言는者를除言는外에
總히其効力을繼續言는者로言

第五條 日本國政府는韓國
皇室의安寧과尊嚴을維持言을保證言

右證據로하야本
을委任을受言야本協約에記名調印言

光武九年十一月十七日
外部大臣朴齊純

明治三十八年十月十七日
特命全權公使林權助

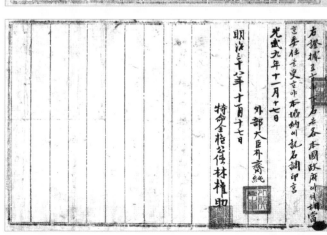

을사늑약 조문

이토 히로부미

② 일본국 정부는 한국과 타국 사이에 현존하는 조약의 실행을 완수하고 한국 정부는 일본국 정부의 중개를 거치지 않고 국제적 성질을 가진 조약을 절대로 맺을 수 없다.

③ 일본국 정부는 한국 황제의 궐하에 1명의 통감을 두어 외교에 관한 사항을 관리하고 한국 황제를 친히 만날 권리를 갖고, 일본국 정부는 한국의 각 개항장과 필요한 지역에 이사관을 둘 권리를 갖고, 이사관은 통감의 지휘하에 종래 재한국일본영사에게 속하던 일체의 직권을 집행하고 협약의 실행에 필요한 일체의 사무를 맡는다.

④ 일본국과 한국 사이의 조약 및 약속은 본 협약에 저촉되지 않는 한 그 효력이 계속된다.

⑤ 일본국 정부는 한국 황실의 안녕과 존엄의 유지를 보증한다.

이 늑약으로 한국 내의 모두 외국 공사관들은 철수하고 통감부가 설치되어 초대통감으로 이토 히로부미가 취임하였다. 일제는 이 늑약으로 일단 대한제국을 보호국화시켰고 식민지화하려는 수순을 밟아 갔다. 1907년 7월 24일 이완용과 이토 히로부미의 명의로 다음과 같은 '한일신협약(정미7조약)'을 체결했다.

① 한국 정부는 시정개선에 관하여 통감의 지도를 받을 것

② 한국 정부의 법령제정 및 중요한 행정상의 처분은 미리 통감의 승인을 거칠 것

③ 한국의 사법사무는 보통 행정사무와 이를 구분할 것

④ 한국고등관리의 임명은 통감의 동의로써 이를 행할 것

⑤ 한국 정부는 통감이 추천하는 일본인을 한국 관리에 용빙할 것

⑥ 한국 정부는 통감의 동의 없이 외국인을 한국 관리에 임명하지 말 것

⑦ 1904년 8월 22일 조인한 한일외국인 고문 용빙에 관한 협정서 제1항은 폐지할 것

1907년 헤이그특사사건을 계기로 고종을 강제 퇴위시킨 일제는 이 신협약으로 이름만 유지하고 있는 대한제국의 법령제정권, 관리 임명권, 행정권, 일본 관리의 임명 등도 자기 마음대로 할 수 있는 '권한'을 갖게 되었다. 이어 대한제국 대신 밑에 실제적 행정 실권을 장악하기 위해 일본인 차관을 임명했고 경찰권을 빼앗고 경비를 절약한다는 명목으로 한국군대도 해산시켰다. 언론 탄압을 목적으로 한 '신문지법', 집회와 결사의 자유를 박탈한 '보안법' 등의 악법을 통해 한반도에 대한 침략을 더욱 노골적으로 드러냈다.

재한미국 실업가 타운센드W D Townsend는 1905년 11월 30일 알렌에게 "을사늑약이 일본의 위협하에 체결되었고 민영환閔泳煥이 자결했으며 즉각 주한미국공사관을 철수했으며 스티븐스는 한국에서 그의 임무를 완수했으므로 서울을 떠나겠다는 의사를 밝혔다"는 내용의 서신을 보

민영환과 혈죽도

냈다. 일본의 식민지화 정책을 훌륭하게 수행한 스티븐스는 더 이상 한
국에 머물 필요가 없다고 내다봤다. 그러나 일본은 한국의 보호국화에
성공했지만 스티븐스이 아직 이용가치가 있다고 판단했다.

　을사늑약에 따라 한국에 통감부가 설치되고 이토 히로부미가 통감에
부임했다. 반식민지화 운동인 의병전쟁이 전국에서 일어나자 일본군은
무자비한 학살을 자행했다. 윤치호는 일본군의 학살행위를 억제하기 위
해 스티븐스에게 한일공동위원회를 구성할 것을 제의하여 스티븐스의
동의를 얻었다. 그러나 스티븐스는 "한국 외교 사항에 관한 자신의 행
동은 항상 일본공사의 감시와 지시에 의해 움직이기 때문에 민정문제에

관한 그의 제안이란 사실상 아무런 실효성이 없다"는 이유를 들며 아무런 활동을 하지 않았다.

1906년 5월 3일 스티븐스는 외무고문에서 의정부고문이란 직책으로 갈아탔다. 1904년 12월 27일 계약이 '일본제국대표자'의 지시를 받는 것이었는데 이제 '일본 황제폐하의 통감'의 지시를 받는 것이 다를 뿐이었다.

알렌은 1884년부터 한국에 체류하면서 1890년 주한미국공사관 서기관을 시작으로 주한미국특명전권공사로 1905년 3월 21일 해임되었다. 그는 경인철도부설권·전차부설권·평북 운산금광채굴권 등을 대한제국으로부터 얻어냄으로써 미국의 경제적 이권을 확장했다. 한편으론 러일 전쟁에서 일본이 승리하자 미국 정부에 한국의 독립을 보장해 줄 것을 요구했다. 이러한 알렌의 입장은 미국 루스벨트 대통령의 친일정책과 대립함으로써 결국 해임된 것이었다.

스티븐스는 친일외교노선뿐만 아니라 자기의 조국인 미국에 대한 반미외교노선도 충실히 수행했다. 그는 일본의 경제적 이권수호에만 광분했다. 재한미국실업인들을 "악당이고 가장 나쁜 유형의 협잡 사기꾼들"이라고 매도하면서 한반도에서 축출하겠다고 공언하기도 했다. 루스벨트와 스티븐스의 친일정책은 일본의 한반도에서 주도권을 인정하고 확장해 주는 것이었다. 이러한 미국의 정책은 결국 일본이 러일전쟁에서 승리한 뒤 한반도에서 일본 정책에 대한 미국과 영국의 승인을 받는다는 책략이 성공할 수 있는 배경이 되었다.

일제의 밀정으로 변신을 거듭하다

한반도에서 일본 정책의 승리는 결국 미국의 문호개방정책과 대립됨으로써 긴장이 고조되기에 이르렀다. 문호개방정책이란 중국과 한국의 영토 보전과 만주에서 이권을 공유한다는 것이었다. 1905년 7월 27일 태프트·가쓰라 비밀협정으로 미영일동맹체제가 결성된 것이었다. 이 비밀협정은 일본의 대한정책이 미국과 영국의 보장 아래 성공했다는 것을 의미했다. 그것은 곧 미영은 한반도에서 축출되고 만주에서도 이권을 포기해야 하는 상황이 되었다는 것을 의미했다. 또한 러일전쟁 이후 일본이 승리하자 미국에서는 황화론黃禍論이 대두하면서 문호개방정책이 폐기될 것이라고 전망했다. 실제 일본은 문호개방정책을 폐기하고 한반도와 만주에서 미국의 이권을 배제하고 축출하는 데 성공하였다.

문호개방정책의 폐기는 미국에서 반일감정이 고조되는 주요한 원인이었다. 또 하나는 캘리포니아에서 일본인배척운동이 팽배해져 가고 있었다. 1848년 금광이 개발되고 대륙횡단철도공사가 시작되면서 노동력이 부족해지자 중국 노동자가 급속히 늘어나기 시작했다. 중국 노동자 중 축재자가 등장하며 백인과 경쟁하자 중국인배척운동이 시작되었다. 이어 19세기 말부터는 일본 이민자에게도 배척운동이 확대되었다. 1906년 3월 시애틀에서 일본인배척운동을 시작으로 10월에는 일본이민 중지, 기업활동 반대를 목적으로 한 아시아인배척연맹이 결성되었다. 나아가 일본인 아동의 동양인학교로 분리 취학 조치, 일인경영 식당의 습격 등으로 악화되어 나갔다.

미국에서 반일정서가 극에 달하면서 일본은 반일감정을 완화시키려기 위해 스티븐스를 이용하기로 결정했다. 또 다시 일본을 위해 충견이될 기회가 스티븐스에게 온 것이었다. 일본이 스티븐스를 미국으로 파견한 것은 1907년 11월 일본인 이민금지법안을 제정하려는 움직임에대해 미국 정계인사와 국회의원 등에게 로비를 해 저지하려는 것이 첫번째 이유였다. 두 번째는 당시 재미한인들의 독립운동 상황을 조사하여 대응책을 마련하려는 것이었다.

당시 재미한인들은 『공립신보』를 통해 한국에서 스티븐스의 언동에대해 알고 있었다. 1906년 1월 8일 『공립신보』에 외고함사外顧函詞란 제목의 기사에서 우리나라의 외교고문 스티븐스가 미국 정부에 을사늑약에 대해 다음과 같은 서신을 보냈다고 실었다.

일본이 한국 정부를 병력으로 위협하여 얻은 약조가 아니라 그 약조에
대하여 대한제국 관료 몇 사람은 반대하였으나 그 외에 관료들이 낙종하
여 도장을 찍었으니 실상은 일본이 위협함이 아니요. 그리고 한국 황실
의 일병이 들어간 것이 없고 다만 이토 히로부미를 보호한 일본순검 5~6
명뿐이었다.

기사에는 이 서신 내용에 대해 논평없이 "참말일까"라는 강한 부정화법으로 끝을 맺고 있다. 이 같이 미주 한인들은 을사늑약에 대한 스티븐스의 태도에 강한 불신을 갖고 있었다.

아무튼 일본은 1907년 9월 스티븐스에게 1년 봉급액 상당의 특별 은

사금 8,000원을 지급했다. 이 돈은 미국에서 친일외교공작금의 성격이
짙었다. 1908년 3월 10일 일본 고무라 외상이 다카히라高平 주미대사에
서 보낸 훈령에 스티븐스의 비밀임무가 잘 나타나 있다. 표면적으로는
갑산甲山동광을 둘러싼 미일간 이권교섭을 내세웠지만 실제로는 만주지
역을 둘러싼 문호개방정책과 이민문제를 두고 악화된 미국 내의 반일감
정을 누그러트리는 것이었다.

　스티븐스는 통감부고문관 월봉 800원과 일본정부가 지급한 월 1,000
원을 그대로 받으면서 미국여비 700원을 추가로 받고 미국행을 준비하
고 있었다. 1908년 3월 3일 요코하마에서 일본환을 타고 20일 샌프란
시스코에 도착했다. 이러한 스티븐스의 일정은 1908년 3월 14일 호놀
룰루에서 보낸 전보에 근거하여 『공립신보』는 '일탐도미'라는 제목으로
게재했다. 이처럼 미주 한인들은 스티븐스를 일본 밀정으로 표현하며
그의 일거수일투족을 주목하고 있었다.

자유전쟁의 일환으로 처단된 스티븐스 04

스티븐스의 친일 망언에 주목하다

미주 한인사회에 통감부를 설치하고 한국군대를 해산하는 등 일제의 한
국의 침략정책에 대항하여 의병전쟁과 계몽운동이 치열하게 전개되고
있다는 소식이 전해졌다. 1908년 1월 미국 각지를 순회하며 일제의 한
국보호정치의 부당성과 한국 독립운동의 당위성을 역설하던 미국인 헐
버트는 샌프란시스코 공립협회에서 한인들에게 다음과 같은 항일독립
운동을 고취하는 연설을 하였다.

　일본이 아무리 강하다 하여도 내종 결과는 멸망하는 데 지나지 못하리니
　이전에 나폴레옹 당년에 경천동지하던 기세로 족히 세계를 병탄하였으나
　불의와 잔포한 일을 행하여 천리와 인도를 어긴 고로 패망을 당하였다.
　일본이 지금은 강한 세력을 믿고 한국에서 불인한 폭행을 무소부지無所不
　至할지라도 내종 결과는 멸망을 자취할 뿐이다. 여러분은 조금도 낙심하

71

지 말고 독립사상을 가지고 단체를 합하오. 나도 한국을 위하여 몸을 잊어버리고 전력하겠소.

이와 같이 항일의식이 팽배해진 샌프란시스코에 스티븐스가 도착했다. 그는 일찍이 한국인은 용기 없는 민족이기 때문에 아무리 모욕적인 발언을 하더라고 자신에 대한 폭력적 가해행위는 없을 것으로 확신하여 아무 거리낌 없이 한국과 한국인을 모독하는 발언을 서슴치 않았다. 그는 샌프란시스코에 도착한 날인 1908년 3월 20일 신문기사들 앞에서 '일본의 지배는 한국에게 유익하다'는 제목의 성명서를 발표했다. 그 망언의 성명서 내용은 다음 날 21일 『샌프란시스코 크로니클』 신문 등에 다음과 같이 게재되었다.

한국이 일본의 보호국이 된 이후 일본은 한국에 유익한 바가 많으므로 근래 한일 양국민간에 교제가 점점 친밀해지고 있다. 미국 국민이 필리핀 국민을 위하여 좋은 일을 하고 있는 것처럼, 일본 국민은 한국 국민을 위하여 온갖 좋은 일을 하고 있다. 지금 한국 국민은 농민계층과 통감부에 참여하지 못한 양반 관료 계층으로 분열되어 있다. 농민층은 막노농으로 겨우 입에 풀칠이나 할 수 있을 만큼 밑바닥 생활을 하고 있다. 그런데도 불구하고 양반 지배계층은 여전히 부패되어 있다. 대부분의 한국의 농민대중은 일본의 한국 지배를 원하고 있지만 양반계층은 이를 반대하고 있다.

이어 『LA타임즈』 1908년 3월 22일자에도 스티븐스의 망언이 실렸다.

그 정부란 교활한 대신들이 왕을 둘러싸고 국민의 재산을 빼앗아 치부를 하고 국민은 자기 것을 가지고도 대신이나 관리들의 눈을 피해서 먹고 살기에 온갖 신경을 쓰고 있다. …… 기간산업이란 모두 일본이 개척한 것이다. 그 국민은 진취성이 없고 미개한 족속인 것이다. 나는 다음 23일 오전에 이곳을 출발하여 워싱턴은 물론 전국 각지를 가능한대로 방문하면서 이 실정을 알리는 강연을 가질 작정이다.

이와 같은 연이은 스티븐스의 망언 보도는 재미 한국인들을 분노케 했다.

『공립신보』는 1908년 3월 25일자 「조걸위학助傑爲虐」이라는 기사를 받아 한국 정부 고문관 스티븐스라는 미국인이 한국을 모해한 것에 대해 이와 같이 적었다.

① 일본이 한국을 보호한 후로 한국에 유익한 일이 많음으로 근래 한일 양국인간에 교제가 점점 친밀하며

② 일본이 한국백성을 다스리는 법이 미국이 필리핀 백성을 다스림과 같고

③ 한국 신정부 조직된 후로 정계에 참여치 못한 자가 일본을 반대하나 하향에 농민들과 사사 백성은 전일 정부에 학대와 같은 학대를 받지 안이 함으로 농민들은 일본사람을 환영한다.

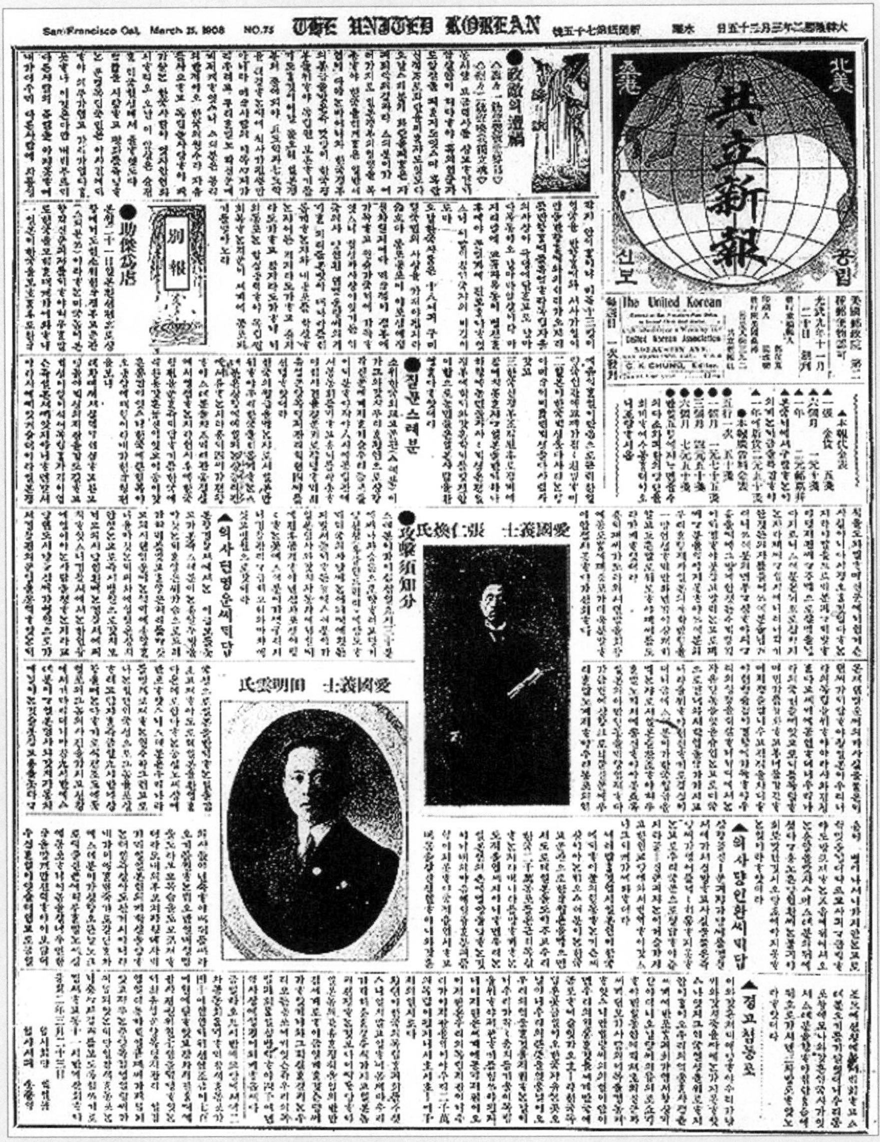

의거기사(『공립신보』 1908년 3월 25일)

이러한 스티븐스의 망언에 대해 공립협회와 대동보국회가 연합하여 맞섰다. 망언에 대한 사죄나 정정이 받아들이지 않자 자유전쟁의 일환으로 스티븐스를 처단한 것이다.

송종익宋鍾翊은 '일본은 자유의 적이오, 스티븐스는 공리의 적이라'는 글을 『샌프란시스코 크로니클』 신문에 게재했다. 『공립신보』는 1908년 4월 1일자에 이 글을 제1면 사설에 다시 게재하였다. 자유가 없으면 차라리 죽는 것이 편안하다고 주장하며 한국의 자유를 약탈한 주범으로 일본과 스티븐스를 지목했다.

이 세상에 제일 좋은 것이 무엇인가 자유며 제일 편안한 것이 무엇인가 자유며 제일 즐거운 것이 무엇인가 자유며 이 세상에 제일 압은 것이 무엇인가 자유 없는 것이며 제일 불쌍한 것이 무엇인가 자유 없는 것이며 제일 슬픈 것이 무엇인가 자유가 없는 것이다. 대저 사람이 말하기를 자유 못하면 차라리 죽는 것이 편안하다 하였으니 ……

슬프다. 1905년 11월 17일 일인이 우리 군상을 협박하여 우리 국민을 학살하고 5조약을 체결할 때에 스티븐스가 외부 인장을 자기 손으로 찍어준 후로 우리의 자유가 다 일인에게 빼앗겨 입이 있어도 말하지 못하며, 마음이 있어도 생각지 못하며, 글이 있어도 출판치 못하며, 회가 있어도 모이지 못하니 우리의 자유를 빼앗은 자 첫째 바로 일본이요, 둘째 바로 스티븐스라. 하늘에 사무친 원한이 2천만 한국인민 뇌수에 맺힌지라 오늘 장인환·전명운 양씨의 스티븐스를 포격함은 곧 자유전쟁이라. 영국 사람이나 프랑스 사람이 자유회복하기 위하여 피 흘림과 어찌 다름이 있으리오. 스티븐스는 2천만 명의 자유를 죽인 죄로 장인환·전명운 양씨는 2천만 명의 자유를 살리고자 함이라. 만일 지공무사한 하나님더러 심판하라 하면 장인환·전명완 양씨는 상을 주어 천당으로 보낼 터이요, 스티븐스는 벌을 주어 지옥으로 보낼 터이라. 바라건대 미국 사법관은 범위 좁은 형사의 법률만 생각하지 말고 무한한 공리의 법률을 주장할지로다.

오늘 미국은 도덕을 숭상하고 공의를 주장하는 나라이다. 130여 년 전에 자유를 위하여 8년 전쟁이 있었고 40여 년 전에 3백만 흑인을 위하여 4년 전쟁이 있었고 10년 전에 쿠바의 독립을 위하여 의전이 있었도다.

세계 열국을 돌아보건대 대륙 판권을 잡아 강한 자를 누르고 약한 자를 붙들 수 있는 자 오직 미국이라. 그런즉 오늘 일본이 사람의 땅을 빼앗으며 사람의 생명을 학살하며 사람의 재산을 탈취하며 사람의 자유를 강탈함을 보고 어찌 수수방관하리오. 우리의 슬픈 마음을 위로할 자 미국이 아니면 우리의 슬픈 눈물을 씻어줄 자 미국이 아니면 우리의 분한 말을 설명할 자 또한 미국이 아닌가.

만일 미국이 일본의 흉계를 깨닫지 못하고 그냥 좌시하면 동양에 미국 상권이 10분 추락할 뿐더러 하와이, 필리핀이 일본에 돌아가리니 이제 미국이 좋은 기회를 타 옳은 군사로 일본의 죄로 성토하면 미국 장래의 화를 예방할 뿐 아니라 우리 한국의 행복이니 미국 당국자는 이 말을 금일 미국 정략의 공담으로 알고 채용하심을 바라노라.

이 글에서는 장인환과 전명운의 스티븐스 처단은 자유전쟁의 일환이니 미국 사법부는 두 의사에게 형사법이 아닌 무한 공리의 법률을 적용할 것을 주장하고 나아가 미국은 자유를 존중하는 나라이므로 한국인의 독립정신을 살펴 일본에게 박탈된 자유를 찾게 협력해 줄 것을 호소하고 있다.

또한 이즈음 공립협회는 의열투쟁을 독립운동방략으로 채택하였다. 의열투쟁을 축으로 한 자유전쟁은 한국의 독립을 얻은 후에야 멈출 수 있는 방략이었다. 논지는 『공립신보』 1908년 3월 25일자 「아국민我國民은 불원기독립호不願其獨立乎아」라는 글에서 알 수 있다.

심히 주린 자는 밥을 구하며 심히 목마른 자는 물을 구하며 심히 찬자는 옷을 구하나니 만일 주린 자가 밥을 얻지 못하며 목마른 자가 물을 얻지 못하며 찬자가 옷을 얻지 못하면 죽는 지경에 이르는 고로 기어이 밥을 얻으며 물을 얻으며 옷을 얻은 후에야 말지라.

오늘날 우리 국민의 비참한 경우는 날마다 말하고 사람마다 당하는 바이나 견양같이 학살하고 우마같이 구축하고 노예같이 압제함이 어찌 주린 자와 목마른 자와 찬자에 비유되며 국권을 회복하고 자유 독립을 구함이 엇지 밥과 물과 옷을 구하는 데 비교할 수 있는가. 이때를 당하여 독립자유를 얻지 못하면 우리 민족은 20세기 생존 경쟁하는 마당에 영영 진멸함을 면치 못할지니 기어이 독립자유를 얻은 후에야 말을지라.

이 같이 위급한 때를 당하여 우리 동포의 행동을 보건데 몽혼약曚昏藥을 흡입하였는지 정신을 차리지 못하며 망우수忘憂樹를 마셨는지 어려움을 깨닫지 못하여 금일 내일하고 우유부단하여 북으로 가던 자는 남을 향하

고 동으로 가던 자는 서를 향하여 치없는 배가 태평양에서 배회하듯 목
자 잃은 양이 광야에서 왕래하듯 하니 이것이 어찌 독립자유를 참으로
원하고 구하는 국민이리오. ······

우리 한국의 현상을 보건대 안으로 정치기관과 밖으로 철도 광산 상권이
다 일인의 수중에 있으니 한인의 고혈은 날마다 말라가고 일인의 비부肥
膚는 날마다 살질지라. 이때에 한 사람이 꾸짖어 물러갈리 만무하고 한
사람이 간청하여 줄리가 만무하니 불가불 2천만 국민이 민족주의로 합심
단체하여 생명을 불고하고 승부를 걸 수 밖에 없다.

한국의 지사 영웅은 지혜 있는 눈을 들어 시세와 기회를 잘 살필지어다.
현금 일본이 군비확장에 백성이 도탄에 빠졌고 국채로 말하면 일본 전
국을 팔아도 청장(빚 따위를 갚음)하기 어렵고 또 강한 군사와 이利한 군함
만 믿고 세계의 평화와 만국의 공리를 유린하는 고로 구미열국이 호시탐
탐하니 일인의 강함이 아침 이슬과 같으니 만일 하루아침에 일이 있으면
구구한 3도가 누구 손에 돌아갈는지 알 수 없도다.

한국에 과연 영웅이 있는가. 지방소요는 혈기적으로 분투하는 완고 의병
에 맡겨두고 소위 명색 지사로 자임한 자들은 구설적 파괴와 구설적 건설
만 첨첨 이언하여 명예 변론만 도사하고 실지 진경에 전진치 아니하니 제
일 통곡 통분한 처이로다. 속담에 꿩잡는 것이 매요, 병 고치는 자 의원이
니 누구든지 나라를 위하여 일을 행하는 자 영웅이라. ······ 나는 뜻하데
우리나라의 영웅은 남양초당(제갈량이 앞날을 준비하며 머물던 초가집)에서
방관하는 명예지사에 있지 아니하고 초야 천리에서 의리를 고상하고 충
분을 충격하는 동포에 있다 하노라.

'스티븐스를 공리의 적'으로 '일본을 자유의 적'으로 규정한 공립협회의 의열투쟁은 약소민족의 독립전쟁의 수단과 방법임을 주창하였다. 이처럼 공립협회가 의열투쟁을 채택한 것은 헤이그특사 파견이 실패한 뒤였다. 헤이그특사 파견 이후 공립협회는 공동회를 개최하고 매국적을 숙청하기 위해 1907년 10월 9일 이재명李在明을 파견한 바 있다.

공립협회와 대동보국회에서 활약하다

당시 샌프란시스코에는 노동자·유학생·망명자 등 150여 명이 거주하고 있었다. 이들은 공립협회와 대동보국회를 중심으로 한인의 권리신장과 조국 독립운동을 전개하고 있었다. 공립협회는 미국에서 민족운동을 목적으로 국내 및 노령 지역과 긴밀한 연락하며 활동한 독립운동단체였다. 1905년 4월 5일 안창호·이강·송석준 등이 발기하여 조직되었고 이후 조직을 더욱 확대하며 일제의 식민정책에 대응해 나갔다. 그러던 중 같은 해 7월 러일 강화조약이 미국 포츠머스에서 개최될 것이라는 소식을 듣고 하와이 에와친목회는 윤병구를 대표로 선출해 한국독립청원서를 제출하기로 했지만 참석하는 열강의 제국주의적 속성을 알아채고 외교성과를 거둘 수 없다고 판단해 대표 파견을 중단하기도 했다.

공립협회는 1905년 말 4개 지회에 500여 명이었던 것이 1907년에 5개 지회에 654명으로 늘어났다. 미주 지역의 지회 설립이 자리 잡아 가자 국내외 독립 단체를 통합할 중심이 되는 연합기관의 설치를 모색하였다.

그 기관은 독립전쟁을 수행하기 위해 한국 국내에 설치한다는 데 의견을 모았다. 일단 1907년 1월 초순 안창호·이강·이재수李在洙 등이 리버사이드에서 신민회를 발기하였다. 안창호는 국내에서 신민회를 조직하기 위한 전권위원으로 임명되어 국내로 파견되었다. 공립협회가 신민회라는 다른 명칭으로 국내에 민족운동단체를 조직하고자 한 목적은 의병전쟁이 일제의 '토벌'로 패퇴되어 가고 계몽운동이 합법적 수준을 넘지 못하자 비밀결사로 신민회를 조직하여 국권회복을 이루고자 한 것이다.

이어 공립협회는 1907년 6월 록스프링스 지방회장 황국일黃菊逸, 8월 이강, 10월 샌프란시스코 지방회장 임치정 등을 국내로 파견하였다. 공립협회의 중견인물의 국내 파견은 미주라는 지역의 원거리성이 독립전쟁을 수행하는 데 걸림돌이 된다는 것을 깨닫고 소수의 회원을 파견하여 의열투쟁에 의한 독립운동의 효율성을 추구하는 것과 함께 통일연합기관의 설치를 촉진하기 위한 것으로 볼 수 있다.

이러한 노력의 결과 1908년 1월경 서울에서 신민회가 조직된 뒤 공립협회는 대의원 이교담李交倓과 김성무金成武를 원동지회 설립을 위해 파견하였다. 이미 블라디보스토크에는 1907년 12월 20일 대한인거류민장 최학만崔學萬과 거류민부장 양성춘楊成春이 계동啓東학교 내에 『공립신보』 지사 설립을 허가해 달라는 서신을 보내왔다. 이 계기로 1908년 9월 25일 블라디보스토크에 공립협회 수청水靑, 파르티잔스크지방회가 조직되었다. 공립협회가 해산된 뒤인 1911년까지 노령에 16개 지회, 만주 8개 지회가 설립되었다. 공립협회가 블라디보스토크 지역에 지회를 설립한 것은 독립군기지의 최적지로 판단하고 국내에서 독립전쟁이 일어나면 이에 호응할 해외기지의 역할을 할 수 있다고 판단했기 때문이다.

대동보국회는 1907년 1월 샌프란시스코에서 국민계몽과 국권회복을 목적으로 조직되었다. 이는 대동교육회大同敎育會가 개편되어 미주 본토에서 공립협회와 함께 대표적인 단체로서 활동하였다. 구국의 방략을 도모하기 위해 2대 주의主義와 3대 강령을 내세웠다. 2대 주의란 "천하의 공론을 환기시켜 동양평화를 보유케 하고 안으로 동포를 결합하여 한국의 안전을 보전한다"는 것으로, 대외적으로 동양평화론을 수용하고, 대내적으로 대동결합을 주장하였다. 3대 강령은 '인민교육의 확장', '인민실업의 흥기', '인민자치의 창설'에 두고 이를 통해 보국保國을 이루는 것으로 하였다. 따라서 대동보국회는 교육과 실업, 자치라는 실력양성론에 기초한 국권수호를 기치로 결성되었음을 알 수 있다. 하지만 실력양성론을 내세우면서도 황제권의 강화를 통해 국권회복을 추구하는 보황적保皇的 성격도 갖고 있었다.

대동보국회는 중앙회와 지방연회와 경찰국으로 구성되었는데 중앙회는 샌프란시스코에 있었고, 지방연회는 샌프란시스코·세크라맨토·프레스노와 네바다주의 칼린에 설치되었으며 1907년에는 상하이연회가 설립되었다. 상하이연회는 장경과 서상윤이 중심이 된 것으로 보이고 대동학교를 운영하였으며 1909년 2월부터 월간지 『태동신보泰東新報』를 발간하였다.

1908년 3월에는 대동보국회 계열의 여성들이 주도하여 한국부인회를 결성하였다. 김미리사·장경 부인·이민식 부인 등이 주도한 이 단체는 '도덕실천'·'국민자격 확충'·'자선사업'을 목적으로 했다. 1907년부

장인환

터 이병준·김미리사·강성산·장인환 등이 국내에 고아원 설립에 노력한 결과, 평안도 선천에 대동고아원을 설립하였다. 평안도 지역 목사인 양전백이 고아원 운영을 맡았고, 이병준이 귀국하여 참여하였다.

운영은 회원들의 회비와 기부금으로 운영되었고, 1907년의 회원 수효는 500명 정도였다고 알려지고 있다. 그러던 1909년 2월 1일 공립협회가 하와이의 합성협회合成協會와 국민회로 통합되자 1909년 7월 말경 대동보국회는 시애틀의 동맹신흥회同盟新興會와 통합하였다. 그리고 1910년 2월 10일 국민회와 다시 통합하여 대한인국민회가 발족되기에 이르렀다.

대동보국회는 장인환이 의거의 주체가 되었다. 「양의사 합전」에 의하면 평남 평양에서 출생하여 일찍 부모를 여의고 숙부의 도움을 받으며 성장했다. 그는 천성이 맑고 굳건하며 과묵하고 동작이 한결같아 교회의 규범을 혼자 배우며 믿음 쌓기를 게을리 하지 않았다고 한다. 1905년 봄 하와이로 이민하여 이듬해 샌프란시스코로 이주하여 철로노역·농장 노동·여관 청소 등의 잡일을 하면서 근검절약하여 한 푼이라도 낭비함이 없었으나 동포의 어려움을 보면 지갑을 풀어 아끼지 아니하였다고 한다. 그의 성품에 대해서는 다음 글에서 알 수 있다.

> 문을 숭상하며, 인을 즐겨하며, 응용함을 좋아하며, 맑은 가을 하늘에 한 조각 구름도 가리움이 없어 명월이 교결皎潔하며 옥우玉宇가 청숙淸肅함과 같은 기상이 있으며, 정연한 암석 봉우리가 첩첩이 쌓인 깊은 산과 같은 침중한 태도가 있으며, 쥐를 잡으려는 고양이처럼 알을 안는 닭처럼 한 귀로 들으며 한 눈으로 보는 외골수 정신이 있으며, 귀한 백옥으로 만든 술잔과 그릇으로 공자의 재단에서 예를 올리는 사군의 풍모를 갖고 있다.

1907년 9월 세크라멘토 지방회 공립관 설립에 장인환은 전명운과 같이 의연금을 내고 있다. 대동보국회원이지만 장인환은 공립협회와도 관계를 맺고 있었다고 볼 수 있다. 또한 1908년 1월 한인청년회 추최 청년토론회에서 장인환은 '청년이 모여 교육을 발달할 방책'이란 제목으로 연설하였다. 청년토론이 공립협회의 후원으로 이루어지고 있다는 점으로 보아 장인환과 전명운은 아는 사이였을 것이다.

스티븐스 처단에 나서다

스티븐스의 연이은 망언이 미주 한인사회에 전해지자 공립협회와 대동보국회 두 단체는 1908년 3월 21일 오후 8시 샌프란시스코 캘리포니아 2350번지 공립관에서 공동회를 개최했다. 공립관에는 수많은 사람이 모여들었다. 그리고 스티븐스의 망언에 대해 분노하고 그 대책을 세우기 위한 말들이 오갔다.

첫 발언자로 나온 이학현李學鉉은 "스티브스는 우리를 마치 개처럼 취급하고 있다. 그는 우리나라에서 우리들을 내쫓고, 우리 친척을 학살했으며, 뿐만 아니라 토지를 강탈했다. 그럼에도 불구하고 일본이 우리에게 은혜를 베풀고 있다는 등 거짓말을 늘어놓고 있다. 그는 우리 한국인을 어린이나 돼지처럼 취급하고 있다. …… 만약 일본이 한국을 점령 지배한다면 한국인은 조국을 위해 마지막 한 사람까지 죽을 각오로 맞설 것이다"라고 응징의 당위성을 주장했다. 그리고 이학현은 『샌프란시스코 크로니클』 1908년 4월 24일자에 스티브스 말의 허구성을 폭로하였다.

첫째, 일제의 보호정치를 한국 국민은 은혜로 느낀다고 했는데 일본이 한국의 의사와는 정반대로 한국을 지배통치한 이래, 그들은 수만 명의 한국인을 학살했을 뿐만 아니라 재산을 강탈했다. 한국 국민은 잔인무도한 일본의 만행에 저항해 왔다. 그래서 전국 방방곡곡에서 무기를 들고 일본인과 싸우고 있고 여전히 치열한 항전이 계속되고 있다. 그러므로 일본의 보호정치 이래 한국 국민은 일본의 한국지배에 은혜를 느끼거나 이에 호감을 가질리 없다.

둘째, 한국 농민은 일제 지배를 환영한다고 했지만 농민들은 가족을 버리고 한국의 국가운명을 수호하기 위해 의병전쟁에 가담하고 있다. 이에 일제는 이들을 진압하기 위해 병력을 동원하고 있다. 우리는 일본이 아무리 농민을 위한 정치를 한다고 해도 이를 믿을 수 없다.

셋째, 일본은 한국에 선정을 베푼다고 했는데 본인이 알고 있는 한 미국의 대한정책은 일본의 대한정책과 상이하며, 세계만방도 이를 시인하고 있다. 만약 한국에 대한 미국의 정책이 일본의 대한정책과 같다면, 미국은 오늘날처럼 지구상에서 가장 존경받는 나라가 되지 못했을 것이다. 내가 알기로는 스티븐스는 한국의 7적을 도와서 일본의 한국 지배를 실현했고, 이것은 한국 국민이 모르는 가운데 그들의 이익을 위해 일본의 한국 지배를 도왔다. 그러므로 스티븐스는 일본에 의한 한국 패망을 도운 것이다.

공동회에서는 미국 독립운동 당시 헨리Patrick Henry의 말 "나에게 자유를 달라, 그렇지 않으면 죽음을 달라"를 표어로 삼고 스티븐스를 찾아가 항의하기 위해 총대總代를 선출하기로 했다. 총대로 공립협회원 최정익崔正益·정재관鄭在寬, 대동보국회원 문양목·이학현 등 4명이 선출되었다.

1908년 3월 22일 오전 총대 4명은 페어몬트호텔Fairmont Hotel에서 스티븐스를 만날 수 있었다. 총대들은 스티븐스에게 일본의 한국 보호정치 이후 정세를 질문하고 어제 『샌프란시스코 크로니클』 신문에 게재된 친일성명을 취소할 것을 요구했다. 그러나 스티븐스는 "한국에 이완용 같은 충신이 있고 이토 히로부미 같은 통감이 있으니 한국에 큰 행복이고 동양에 다행이라. 내가 형편을 보니 광무황제께서 실덕失德이 태심太甚하고 완고당이 백성의 재산을 강탈하고 백성이 어리석어 독립할 자격이 없는 즉 일본서 빼앗지 아니하면 벌써 러시아에 빼앗겼을 것이다. 일본정책을 도와 말하며 신문에 내인 것은 사실이니 다시 정오할 것 없다"고 답변했다.

당시 총대의 한 사람이었던 문양목의 「의사 장인환공을 추도」하는 글을 통해 당시의 문답내용과 정황을 살펴볼 수 있다.

문(총대 이하 같음) : 크로니클에 게재한 말이 정녕 네가 한 말이냐?

답(스티븐스 이하 같음) : 예 그러합니다.

문 : 그러면 한국이 일본의 보호를 받는 것이 당연하다는 그 의미가 무엇이냐?

답 : 한국 정부의 부패한 정치 아래에서 압박과 고통을 당하는 백성들이 하루 바삐 복락을 누리려면 문명한 일본의 보호를 받는 것이 당연하니라.

문 : 한국이 일본의 보호국이 된 것은 한인의 원하는데서 성립이라 함은 너의 궤휼한 언사로 일본을 옹호하고 한인에게 통곡함이 아닌가?

답 : 그럴 리가 있습니까?

문 : 일본의 보호국이 된 후 한국은 모든 방면으로 진보 발달된다는 것을 설명하라.

답 : 이토 히로부미는 위인이라. 한국에 대하여 시정방침……

이토 히로부미는 위인이라는 말이 끝나고 스티븐스가 계속 시정방침을 말하려는 순간 총대들은 분노를 참지 못하고 그 자리에서 스티븐스를 응징했다. 정재관이 먼저 스티븐스를 응징하자 나머지 총대들도 뒤를 따라 응징하기 시작했다. 이렇게 스티븐스와의 회견은 끝나 버렸다. 이어 총대들은 스티븐스의 폭언과 일본의 한국침략 만행을 규탄하는 연설을 하고 공립회관으로 돌아왔다.

공립회관에 다시 모인 총대들과 한인들은 3월 22일 제2차 한인공동회를 개최했다. 우선 총대들이 스티븐스와의 면담에 대해 모두 보고했다. 스티븐스는 샌프란시스코에 도착해 발표한 성명서에 대해 반성이나 취소할 의사가 없으며, 한국인은 우매하고 독립할 자격이 없고 일본이 보호국화하지 않았으면 러시아가 강탈했을 것이라는 모욕적 발언을 서슴치 않아 총대들이 응징했다고 보고했다. 그러나 공립회관을 가득 메운 사람들은 "스티븐스 그 가살의 죄인을 회견한 대표들이 그놈에게 중상을 입히던지 죽이던지 하여 감옥으로 잡혀가지 않고 무슨 면목으로 다시 돌아 왔냐"는 꾸지람·조소·비평 등의 언사로 장내가 술렁거렸다.

이제 망언에 대한 취소나 사죄를 보이지 않는 스티븐스는 자유전쟁으로 처단하는 수밖에 없었다. 더욱이 워싱턴을 비롯한 미주 전체를 돌아다니면 한국에 대한 망언을 계속할 것이라는 스티븐스의 뻔뻔한 주장은 샌프란시스코가 그의 마지막 장소가 되게 했다.

공립회관에 모인 한인들은 여기저기서 "도저히 스티븐스를 보낼 수 없으니 내가 죽이겠다"라고 나섰다. 그를 처단하겠다는 말은 전명운이 제일 먼저 했다. 이어 허승원許承元·신영구·이용규 등이 스티븐스 처단을 강력히 주장했다. 다음으로 조용히 벽에 기대어 뒷짐을 지고 서 있던 장인환은 결심을 한 듯 앞으로 한 걸음 나오면서 "여러분 어느 분이던지 총을 한 자루 사 주시오. 내가 그놈을 죽일 터이니"라고 구체적 방법을 제안했다.

당시 상황은 "이 스티븐스 사건이 저로 굴리고 이로 굴리어 점점 중

장인환과 전명운

대화한 이때에 장인환 씨가 공중을 향하여 그와 같이 무거운 청구가 나옴에 이 사건은 무언 중 확실한 험악화로 들어갔다. 그러므로 이 청구에 대하여 누구나 대답하여 줄 수가 없었다"라고 당시의 분위기를 적고 있다. 이러한 상황에서 문양목이 다음과 같이 대답했다.

스티븐스는 우리가 용서할 수 없는 가살의 죄를 지은 국적이라고 인정하여 누구나 죽이겠다는 결심이 있으면 발설도 믿고 실행할 것이올시다. 누구 누구더러 죽이라 죽이지 말라 할 수가 없소. 또 그자를 죽이라고 총을 주던지 총을 사라고 돈을 주던지 할 사람도 없을 것이외다. 이유는 나의 생명은 희생할 수 없으니 너의 생명을 희생하여라 함과 마찬가지인 까닭올시다. 또 지금 이 자리는 비공식 회석이 아니다. 여기서 누구나 개인 자격으로라도 내가 총을 주리다 하고 허락하는 이가 있다 하면 이는 번동 공체로서 토살討殺을 공결하여 자객을 선출하고 기계까지 공급 파송함이라. 공립회와 보국회의 본 성질에 누구를 죽이라고 한다는 의미가 없는 이상 이 자리에서 누구나 그자를 죽이겠다는 말을 다시 하지 마는 것이 옳겠소. 만일 애국성의 원통으로 기어코 거의하는 데 대하여는 말어라 할 사람이 없을 것이올시다. 실행하려 거든 침묵 중에 암행하시오.

문양목의 연설이 끝나자 공립회관에 모여 있던 한인들은 개인적으로 처단해야 한다는 의견에 동의하고 해산했다. 그러나 제2차 공동회 해산 뒤 바로 두 단체가 공동으로 비밀회의를 통해 처단계획을 수립했다고 할 수 있다. 전명운과 장인환을 비롯한 총대들이 그 주역들이었다.

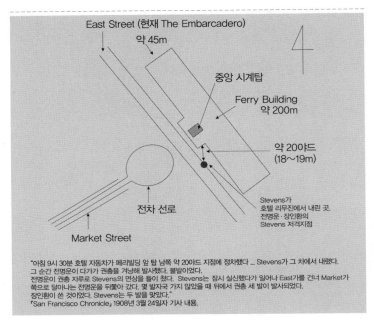

East Street (현재 The Embarcadero)
약 45m
중앙 시계탑
Ferry Building 약 200m
약 200야드 (18~19m)
전차 선로
Market Street
Stevens가 호텔 리무진에서 내린 곳. 전명운·장인환의 Stevens 저격지점

"아침 9시 30분 호텔 자동차가 페리빌딩 앞 탑 남쪽 약 200야드 지점에 정차했다 ... Stevens가 그 차에서 내렸다.
그 순간 전명운이 다가가 권총을 겨냥해 발사했다. 불발이었다.
전명운이 권총 자루로 Stevens의 면상을 들이 쳤다. Stevens는 잠시 실신했다가 일어나 East가를 건너 Market가
쪽으로 달아나는 전명운을 뒤쫓아 갔다. 몇 발자국 가지 않았을 때 뒤에서 권총 세 발이 발사되었다.
장인환이 쏜 것이었다. Stevens는 두 발을 맞았다."
『San Francisco Chronicle』 1908년 3월 24일자 기사 내용.

저격지점 약도

1908년 3월 22일 처소로 돌아온 전명운은 스티븐스를 국적으로 처단할 계획을 점검했다. 그리고 워싱턴으로 떠나는 스티븐스의 사진, 이동경로와 차편 등을 확인하며 거사를 준비했다.

이처럼 1908년 3월 23일 아침 일찍 전명운은 권총을 가지고 오클랜드Oakland 도선渡船대합소인 페리Ferry 빌딩에서 스티븐스를 기다렸다. 페리부두에는 거사를 알고 있던 한인들이 관광객 모습으로 모여들었다. 9시 30분 자동차에서 재미일본영사관 영사 고이케小池가 먼저 내리고 이어 스티븐스가 내렸다. 전명운과 나란히 걸어가던 총대 중 한 명이 스티

샌프란시스코 오클랜드 부두 훼리 정거장

븐스를 알려 주었다. 전명운은 총을 꺼내 스티븐스에게 발사했지만 발사되지 않아 목적을 달성하지 못했다. 그러나 전명운은 스티븐스의 얼굴을 총 자루로 가격했다. 왼쪽 볼에 파열상을 입은 스티븐스는 이스트가로 달아나는 전명운을 추격하기 시작했다. 이때 전명운의 뒤를 따라가고 있던 장인환은 스티븐스 쪽을 향해 권총 3발을 쏘았다. 불행하게도 첫 발은 전명운의 어깨 쪽에 명중했다. 연이은 2발은 스티븐스의 오른쪽 어깨와 등 아래 복부를 각각 맞추었다.

의거 현장에 있는 샌프란시스코 부징세관副徵稅官 섹톤Henry P. Sexton이 장인환의 손을 쳐 권총을 떨어뜨리고 말았다. 스티븐스 응징은 거기서

스티븐스 저격 장면(스케치)

그치게 되었다. 고이케 영사는 총상을 입은 스티븐스를 자동차로 인근 항만응급병원으로 이송했다. 그리고 순찰 중인 샌프란시스코 경찰서 경관 맥그란드James McGranhd와 오헨스Edward Owens가 전명운·장인환을 체포하였다. 전명운은 어깨에 총을 맞아 중앙구급병원에서 응급치료를 받고 레인병원으로 옮겨져 치료를 받았다.

샌프란시스코 경찰은 전명운과 장인환이 공모하여 스티븐스를 응징한 것으로 수사를 진행했다. 장인환을 병원에 있는 전명운과 스티븐스에게 데려가 대질신문을 했다. 그러나 전명운과 장인환은 서로 안면조차 모르고 공모한 사실이 없다고 전면 부인했다. 장인환은 전명운을 보호하기 위해 의거는 자신이 독자적으로 수행한 것이고 전명운과는 안면도 없는 사람이라고 증언함으로 전명운이 석방되게 하였다.

의거 뒤 장인환은 경찰서로 찾아온 『샌프란시스코 크로니클』 신문기자와 대담에서 전명운과는 관계가 없다고 주장했다.

여러 말 할 것 없이 일본인이 한국에 대하여 불의 행동하는 것은 세상이 다 아는 바다. 스티븐스는 한국 고문관으로 한국 월급을 먹으면서 도리어 일본을 도와주고 우리 한국 2천만 동포를 은근히 독살하는지라. 내가 나라를 망하게 하는 도적을 없애지 아니하면 우리는 일본의 손에 멸망을 당하는 것이니 나의 마음에 탱중한 분기를 이기지 못하여 국적을 없이하고 내 몸을 살신성인하여 나와 같은 의사들이 연속하여 내 뒤를 따라 오기를 원하는 바다. 만일 내 생명을 돌아보고 목숨을 도모코져 하더라도 나의 부모처자 형제자매가 매일 일본인에게 학살을 당하는 터인즉 살아도 산 것이 아니다. 내가 이에 한번 죽기로 결단한 차에 스티븐스가 샌프란시스코에 오던 날 클로리클 신문에 허무한 말로 세상에 공포하니 이놈을 살려 두면 한국을 망하게만 전력하여 이보다 더욱 심한 일이 있을 것인 고로 금일 조조에 선창에서 배회하고 스티븐스 오기를 기다렸더니 우리 동포 중에서도 나와 같은 애국자가 있어 스티븐스를 향하여 힐난할 즈음에 뒤로 가서 연속으로 3차 방포하였노라.

이어 장인환은 스티븐스가 입원한 병원으로 안내되었다. 이때 스티븐스는 "본 사건은 정치적 사건political trouble이라고 생각된다. 나는 전명운과 장인환을 전혀 모른다. 어제 밤 한국교민회 대표가 페어몬트호텔로 찾아와서 나를 폭행했다. 그들은 의자로 나를 구타했다. 내가 반항하자 그들은 호텔 밖으로 나갔다. 내 얼굴 오른쪽에 상처는 그 당시 폭행으로 입은 것이다. 오늘 아침 자동차에서 내릴 때 이들을 보았다. 이들 중한 사람은 권총자루로 내 얼굴을 갈겼다. 그러나 이들 중 누가 내 얼굴을

이인영

갈겼는지 모른다. 내가 이 사람(침대에 누워 있는 전명운을 가리키며)을 뒤쫓기 시작하자 이 사람(장인환을 가리키며)이 나를 쏘았다. 이 사람은 나를 두 번 쏘았다. 나는 그 순간 누군가가 권총을 든 장인환의 손을 때려 권총을 빼앗았다는 것을 알았다. 지나가던 행인들이 몰려와서 저격사건을 지켜보았다. 이상이 본 사건의 일부이다"고 구두 성명서를 발표했다.

스티븐스 처단 의거의 원인은 앞에서 살펴보았듯이 그의 친일정책에 있다. 또한 일본 정부는 대한관동창의대장大韓關東倡義大將 이인영李麟榮의 격문이 원인이 되었다고 파악했다. 1907년 9월 25일 이인영의 격문은 다음과 같다.

동포여, 우리는 단결, 신명을 조국에 바쳐 우리의 독립을 회복해야 합니다. 동포 여러분은 일본의 가혹한 비행과 야만적인 불법행위를 전 세계에 고발해야 합니다. 일본인은 교활하고도 잔인하며 진보와 인도의 적입니다. 우리는 모든 일본인, 그들의 간첩, 동맹자 그리고 야만적인 일본군을 격멸하는 데 우리는 최선의 노력을 다해야 합니다.

『대한매일신보』 1908년 3월 31일자에 의하면, 이 격문은 샌프란시스코 한국교민에게도 발송되었다고 보도하고 있다. 이 격문에 촉발되어 스티븐스는 일본의 간첩으로 처단되었다는 것이다.

『대한매일신보』의 1908년 3월 27일자에서 파악된 스티븐스의 처단 이유는 일제의 충견으로 한국 정부에 불리한 문서를 가지고 미국으로 건너온 그의 문서를 빼앗으려고 처단했다는 사실이다. 스티븐스가 이 문서를 다카히라高平 주미일본대사에게 전달하여 미국 대통령에게 전달되면 한국 독립의 희망은 사라지기 때문이라는 것이었다.

이상과 같이 스티븐스의 처단은 한국에서 그의 친일행각과 샌프란시스코 도착한 뒤 친일성명서를 발표하여 한인들을 격노하게 했고 그 뒤 한인공동회에서 선발된 총대들의 면담에서도 친일적 발언을 계속한 것이 주요한 원인이었다.

항일독립정신에 불을 지피다

의거 다음 날 샌프란시스코 경찰은 통역 양주삼을 대동하고 의사 장인환과 당일 어깨에 총상을 입고 병원에 입원한 전명운을 찾아가 진술서를 받았다. 『샌프란시스코 크로니클』에 의하면 장인환은 다음과 같이 거사 이유를 진술했다.

스티븐스는 나쁜 놈이다. 그는 한국민으로부터 재산을 강탈한 일본을 돕고 있다. 그는 한국에게는 매국노이며, 감언이설로 우리나라 지도자를 속이고 있다. 그러므로 그는 차라리 죽는 것이 낫다고 본다. 이대로 가면 한국민은 모두 죽게 될 것이며 일본은 우리나라를 차지할 것이다. 일본은 우리나라를 점유하려고 기도하고 있다. 나는 조국을 사랑한다. 나는 애국자이며 스티븐스는 한국을 일본에 팔아먹은 매국노이기 때문에 쏜 것이다. 그는 일본편을 들어 일본만 돕고 있다. 한국은 일본처럼 훌륭한 나라이며, 한국 국민은 스티븐스가 말하고 있는 것처럼 일본인이 한국에 와서 한국을 지배하는 것을 원치 않고 있다. 나는 이곳에서 공부하고 있는 유학생이다. 한국으로부터 이곳에 온 지 2년이나 되었다. 이곳 야간학교에 다니고 있다. 나는 벌링게임에 있는 한 가정집 청소부로 일하고 있다. 나는 샌프란시스코에 온 지 5일이 된다. 앞으로 내개 어떤 일이 닥치더라도 나는 개의치 않는다. 나는 스티븐스가 죽기를 희망한다.

전명운은 다음과 같이 진술했다.

성명은 전명운. 연령은 25세. 이곳에서 공부하는 한국 유학생이다. 그러나 학비가 없어서 학업을 중단하고 지금은 농사를 짓고 있다. 나는 그동안 농장에서 일하다가 5일 전 이곳 샌프란시스코로 왔는데, 일자리가 없어서 놀고 있다. 전 세계 사람들이 한국을 후진국으로 깔보고 있는데, 나는 이를 심히 유감으로 생각하고 있다. 내가 조국을 떠난 이후 한국 사태는 악화 일로를 걷고 있다. 일본은 '힘이 정의'라고 생각, 한국을 윽박질러 강압적으로 '을사늑약'을 체결했다. 조약 늑결 이후부터 우리나라에서는 일제에 항거하는 소요사태가 발생했다. 일본인은 우리 동포를 학살하고 있다. 나는 이곳에서 조국을 위하여 무엇인가 일을 하려 했으나 할 힘이 없다. 며칠 전 스티븐스가 샌프란시스코에 도착, 한국 사정에 관해 신문기자 회견을 가진 바 있었는데, 그 자리에서 스티븐스는 "한국민은 일본의 한국 지배를 환영하고 있다" 등 거짓말을 늘어놓았다. 그는 이러한 거짓말을 미국 국민에게 퍼뜨리기 위해 이곳에 왔다. 나는 그의 발언을 듣고 그를 죽이고 나도 자결하기로 결심했다. 나는 그의 사진 한 장을 구해서 내 호주머니에 넣고 페리빌딩에서 기다리고 있었다. 그가 하차하자 권총을 발사했으나 불발이었다. 그래서 권총자루로 그의 면상을 치고 달아났다. 이때 등 뒤에서 권총 발사 소리가 났다. (장인환을 가르키며) 나는 이 사람을 모른다. 내 거사 계획에 대하여 어느 누구와도 상의한 일이 없다.

『공립신문』의 1908년 3월 25일자 「의사 전명운씨의 대답」에 의하면 전명운은 스티븐스를 처단한 이유를 다음과 같이 답변했다고 게재했다.

일본이 우리나라의 독립을 위하여 러시아와 전쟁한다고 세계에 공언하더니 우리나라의 국권을 빼앗고 토지를 늑탈하며 민가를 충화衝火하고 부녀를 강간하며 재정을 말리우고 관직을 차지하여 헌병순검이 경향에 가득하여 우리의 생명을 학살하니 내지에서는 자유행동을 얻을 수 없다. 고로 미국으로 건너와 학업을 닦아 가지고 나라를 위하여 헌신하기로 결심하였더니 지금에 스티븐스가 한국 월급을 먹는 자로서 일본을 찬조하여 허무한 말로 각처에 통신하여 아무쪼록 일본의 야만행동을 번번이 엄적하다가 금번에 샌프란시스코 크로니클 신문에 무리한 말로 게재하여 우리 동포의 애국성으로 일본을 반대하는 일을 감추고자 하여 도리어 일본을 환영한다 은혜로 안다 하는 등 설로 세상에 반포하였으니 스티븐스는 우리나라를 망하게 하는 원수라. 그런고로 나는 일단 애국성으로 그놈을 포살하려고 했다. 그리하여 금일 9시 반에 샌프란시스코를 떠난다하여 식전 조조에 육혈포와 그놈의 사진을 가지고 선창에서 기다리더니마침 9시 반에 스티븐스이 일본영사와 같이 자동차에 내리는 것을 붙잡고 총을 쏘았으나 총이 나가지 않는 고로 턱밑을 냅다 지르고 사기가 급박하여 도망코자 하는 즈음에 뒤에서 오는 총알을 맞았으며 스티븐스의뒤에 섰다가 총 쏜 장인환 씨는 우연히不期而會 만난 것이오. 당초에 알지못하는 일이라.

전명운은 스티븐스를 처단한 이유가 러일전쟁 시기부터 그가 한국식민지화 정책을 실행한 원수로 인식했기 때문이었다. 또한 일본의 친일정책을 실천할 목적으로 샌프란시스코에 도착한 스티븐스의 친일 발언으로 더욱 분노했기 때문이었다. 일단 그의 발언을 취소하게 하고 친일 행각을 멈추게 하려 했다. 그러나 모든 것이 좌절되자 최후 수단으로그를 처단하기로 결정하고 실행한 것이었다. 인간에 대한 최후의 인식을 확인하고 의거를 결행한 것은 정치적 행위였다.

스티븐스가 총을 맞고도 정신을 차리고 있으면서 그에 대한 총격이"나에 대한 저격은 어떠한 정치적 의미가 없다고 본다. 이번 저격 사건은 폭력혁명가로 보이는 한 광신 학생의 소행이라 확신한다. 본 사건은한일 간의 현 상태와는 아무런 관련이 없다"라고 선언하면서 다음과 같이 최후 성명서를 발표했다.

내가 페어몬트호텔 전용 자동차를 타고 페리빌딩에 내렸을 때 한국인 몇 사람이 내게로 다가와서 그중 한 사람이 내 얼굴을 강타하여 뺨을 찢어 놓았다. 나는 본능적으로 그를 추격하기 시작하자, 다른 한국인이 권총을 꺼내 나를 쏘았다. 제1발은 나를 구타한 한인을 명중했고, 나머지 두 발은 내 등을 맞힌 것이다. 이번의 저격사건은 이 도시나 인근에 살고 있는 한 광신 학생의 소행이다. 이 학생은 평소부터 일본의 보호정치를 원망하고 있었다. 그들은 틀림없이 내가 한국의 보호정치에 일부 책임이 있다고 믿고 있지만 그들은 현재 일본이 한국에서 얼마나 훌륭한 일을 하고 있다는 사실을 모르고 있다. 그들은 통감부가 수립되었다는 사실만 알고 이에 격분 내가 현 정부와 관련이 있기 때문에 나를 저격 대상 인물로 선정한 것이다. 나는 그들의 이 같은 광폭한 살인 행위를 저지를 줄 미처 예상하지 못했다. 어젯 밤 나에 대한 한국인의 구타 사건에 대해서는 나는 이를 대수롭게 여기지 아니했다. 그래서 저격에 대비 또는 보호할 경호나 예방책을 강구하지 아니했기 때문에 권총 휴대조차 아니했다. 저격에 대비, 무기를 휴대한다는 것은 나의 본국 휴가여행에 그다지 유쾌한 방법이 아니기 때문이다.

스티븐스의 발표는 그의 친일 행각을 흐지부지 덮으려 하고 정치적 처단을 단순한 격분이나 테러라고 주장한 자기의견일 뿐이었다.

엑스레이 검진 결과 2개의 탄환이 스티븐스의 오른쪽 어깨 패 부위와 복부 아래쪽에 박혀 있었다. 스티븐스는 1908년 3월 24일 탄환 제거 수술을 위해 성프란시스St. Francis 병원으로 옮겨졌다. 하지만 다음 날 탄환 제거 수술을 받다가 영영 깨어나지 못했다. 자기 조국인 미국도 배반하고 일본에 충견 노릇을 한 스티븐스는 58세에 목숨을 잃었다. 그는 1905년 4월과 1907년 12월 7일 남긴 '유서'에서 자신이 일본의 이익을 위해 충견의 역할을 충실히 수행했기 때문에 자기가 죽으면 두 누이동생의 생계를 보장해 줄 것을 청원하였다. 조국도 배반했지만 혈족인 두 동생의 여생은 안타까웠나 보다.

스티븐스가 죽자 일제는 즉각 조의를 표하고 욱일대수장旭日大綬章을 주어 친일 공로를 치하했다. 그리고 병원치료비·장례비 등 일체를 일본 정부가 부담하고 특별은사금으로 일본 정부에서 15만원, 한국 정부에서 5만원을 지불하기로 결정했다. 스티븐스는 죽어서도 충견 노릇에 대한 주인의 극진한 대우를 받았다. 장례식은 4월 8일 워싱턴 성요한교회에서 거행되었다.

레인병원으로 이송된 전명운은 총상이 빠르게 회복되어 갔다. 치료 중임에도 전명운은 다음과 같이 스티븐스 처단의 당위성을 밝혔다. 그리고 스티븐스의 처단이 자객적 행동이고 자신에게만 적용되는 것이라고 정리했다. 우리의 국력과 병력이 대적할 수 없는 상황에서 이러한 처단 행동이 열강의 이목을 집중할 목적을 가짐에 있다고 했다. 모든 책임은 자기가 지지만 우리 내외동포는 우선 합심 단합할 것을 주창했다.

나의 지극히 사랑하고 지극히 사모하는 여러 동포에게 두어마디 말로 고합니다. 전명운은 본래 특별한 학문과 고상한 지식이 없어 국가의 파괴 건설은 자임치 못하나 다만 나라 사랑하는 마음과 동포 사랑하는 마음이 간절하여 기회를 얻어 일신을 희생코져 하였더니 향년 5조약에 외교부를 일본에 양도하고 7조약에 우리 군상을 협박하고 정부를 일본에 양도한 소위 한국 고문관 스티븐스라는 자가 샌프란시스코에 내도하여 각 신문기자에게 말하기를 한국이 일본의 보호를 환영한다 하여 각 신문에 게재하였으니 이는 일본이 세계의 이목을 가리고 한국을 아주 병탐할 뜻으로 스티븐스를 미국에 밀파하여 한국이 자립할 자격이 못된다고 설명하여 열국의 간섭을 막음이라. 만약 이때를 당하여 그냥 있으면 한국의 참혹한 형상을 세계에 설명할 곳이 없게 되는 고로 …… 창귀 스티븐스를 죽여 전의 원수를 갚고 후의 화를 막기로 결심하고 정거장에서 기다리니 마침 스티븐스가 오거늘 대성질호 간적 스티븐스하고 왼손으로 소매를 잡고 오른손으로 가슴을 향하여 방총하려는데 총이 이치 못하여 재삼 불발하매 총대로 간적의 면부를 치는데 동포 장인환 씨가 간적의 배후에 돌기하여 3향 포성에 간적을 잡아으니 상쾌함을 이기지 못하겠도다. 돌이켜 생각건대 오늘 나의 행한 일이 한 무사용부의 일이라 대인군자의 취할 바 안이니, 타일 역사에 자객 전명운을 면치 못하겠도다. 그러나 우리의 금일 사세를 보건데 병력으로 대적할 수 없는 고로 세부득 계교가 이에 났도다. 바라건대 내외동포는 합심 단합하여 몸을 돌아보지 아니하고 옳은 일을 행하면 독립자유는 불구에 가이 회복하리로다. 나는 미국 살인법에 범하였으니 다시 살기를 바라지 안거니 동포 동포여 나라 사랑 나라 사랑.

이처럼 『공립신보』 1908년 4월 1일 「일편애국심」이라는 글에서 스티븐스 처단에 대한 의사를 밝힌 같은 신문에 전명운은 자신이 지은

「애국가」를 발표했다.

> 여화우리 동포들아 / 일심애국 힘을써서
> 4천년래 신성동방 / 신세계에 빛내보세
> 사농공상 동력하면 / 대한제국 자연부강
> 자유독립 하고보면 / 세계상에 제일일세
> 잊지말아 잊지말아 / 충군애국 잊지말아
> 일심하세 일심하세 / 나라위해 일심하세
> 건곤감리 태극기를 / 지구상에 높이날려
> 만세만세 만만세로 / 대한독립 어서하세

스티븐스 처단 의거는 미주 지역 8천여 명 한인들의 항일독립정신을 고취했다. 공립협회는 독립전쟁을 궁극의 독립운동 노선으로 정했지만 스티븐스 처단 같은 의열투쟁을 자유전쟁으로 명명하며 독립운동의 한 노선으로 받아들였다. 이 처단은 세계에 일제가 한국을 무력적으로 침략하고 탄압하고 있다는 현실을 알렸다.

········
독립의지를 알리다
········

스티븐스 거사 이후 신문에는 한국의 공적을 처단한 두 의사의 정신을 이어 자유독립을 위해 일제에 항거하는 운동을 전개할 것을 호소했다. 그리고 공적을 처단한 의사들은 정치적 독립을 목적으로 한 정치운동으로 독립재판으로 이어갈 것을 촉구했다.

『공립신보』 1908년 3월 25일 「동포들에게 알림」이라는 제목의 기사는 미국이라는 제3국에서 진행되는 재판을 한국의 자유독립을 위한 매국노 사살사건으로 판결을 받는 데 국내외 한인들이 관심과 지원을 집중할 것을 주창했다.

이와 같은 처지에 당하여 우리가 양씨와 같이 죽을 때에는 가지 못하였으나 어지 그 애국열성을 위로하지 아니 할이오. 우리의 억울한 사정을 세계에 반포할 기회가 없어서 항상 개탄이더니 오늘 양씨의 충의로 소개하여 반일 동안에 각처 호외 신문과 세계 전보가 사람의 이목을 경동케 하였으니 만일 양씨의 뜨거운 피가 아니면 우리의 원통한 것을 세계 만국에 그 누가 공포하리오. 오호라 한국의 독립도 금일부터 시작이요, 한국의 자유도 금일부터 시작이니, 금일은 우리의 큰 뜻을 장차 성취할 날이요, 우리의 억울한 것을 재판할 날이니, 우리가 각각 호주머니(줌치)를 기울여 독립을 위하여 재판하기를 힘써야 될지니 이 재판은 세계의 공개 재판이요, 이 재판은 우리의 독립재판이니 우리가 이 재판을 이겨야 우리 2천만의 독립이 될지니 때여 때여 천재일시로다.

황천이 한국의 독립할 기회를 주셨으니 잃지 말고 일하여 봅시다. 우리가 각기 총 한 자루씩 가지고 일본 놈과 전쟁하는 것보다 이때를 당하여 일본 놈의 간휼한 정책을 이미 반만치 세계로 하여금 알게 한 것은 양씨가 하였거니와 그 확실한 결과는 우리 모든 동포에게 있은 즉 우리의 독립 기회를 일심 병력하여 4천여 년 역사상에 생광이 되게 합시다.

이제 스티븐스 처단 의거는 '자유전쟁'에서 '독립재판'으로 이행되었다. 의거가 일어나자마자 샌프란시스코 40명의 한인들은 23일 오후 9시 30분에 교당에서 제3차 한인공동회를 개최되었다. 즉석에서 재판 비용으로 700여 달러가 모금되고 이후 재판할 때 판사 전권위원으로 최유섭·정재관·문양목·김영일·백일규白一圭·이일·이용하 등 7명이 선출되었다. 이어 독립재판으로 이끌 장인환재판후원회가 결성되었고 회장 백일규, 재무서기 송종익이 선출되었다. 이후 재판이 개정될 때까지 총 7,390달러가 모금되었다. 미국에 유학 중인 중국 학생이 한국교민회를 찾아와 10원을 기탁하기도 했다.

대동보국회원 장인환과 공립협회원 전명운은 스티븐스를 처단하자 두 민족단체의 통합 논의가 제기되었다. 제3차 한인공동회에서 조직된 장인환재판후원회는 두 단체의 연합체이자 이후 통합의 모체가 되었다. 의거 현장이었던 샌프란시스코에서 합동 논의가 추진되면서 하와이에서도 한인협성협회와 자강회가 합동을 결의하였다.

1908년 3월 27일 치료 중인 전명운은 '살인미수' 혐의로 장인환은 '일급모살' 혐의로 샌프란시스코 경찰 법원에 기소되었다. 장인환의 인정신문은 4월 2일 샌프란시스코지방법원 12호법정에서 진행되었고 그 다음날 3일에 전명운의 인정신문이 있었다. 담당 판사는 쿡Carrol Cook, 담당 검사 랭돈W.H. Langdon이었고 변호사 나단 코글란Nathan C. Coghlan, 존 바렛John J. Barret, 로버트 페럴Robert Feral이 무료 변론을 지원했다. 특히 아일랜드 출신 코글란은 자기 조국이 한국과 같은 피압박 상황이어서 더욱 한인들에게 동정을 갖고 있었다. 통역은 양주삼 목사가 담당했다.

한편 일본은 장인환을 1급 살인범으로 사형에 처해지게 하기 위해 재판 비용 5,000달러를 지원하고 변호사 나이트S. Knight를 선임하고 호놀룰루 일본총영사를 파견하고 재한 미국인 목사 존스George H. Jones를 특별증인으로 채택했다. 일본 측 변호인은 장인환이 정신이상자가 아닌 고살행위로 1급 살인범이라고 주장하며 사형을 요구했다. 반면 한국 측 변호인은 애국충정의 발로로 순간적인 정신이상 증세가 발작하여 살해한 것이기 때문에 이는 일종의 정당행위이므로 무죄 석방을 주장했다. 스티븐스 처단을 현장에서 목격한 한 미국 여자는 증인으로 출두하여

"이 사람이 비록 연소한 황인종이나 애국지사요, 의기남자로다. 자기 나라를 위하여 신명을 희생같이 여기고 있으니 물론 누구든지 국민된 자는 제 나라를 위하여 이 사람과 같이 사랑하여야 되겠다"고 증언하기도 했다. 이후 장인환은 1909년 1월 10일 2급 살인죄로 25년 금고형을 받고 1919년 1월 10일 가석방 출옥할 때까지 10년간의 옥고를 치렀다.

4월 3일 공판정에서 전명운은 다음과 같이 스티븐스 처단 과정을 진술했다.

나는 그를 죽이고 나도 또한 죽고자 결심하였다. 나는 그가 워싱턴으로 가려는 사실을 듣고 신문지에서 그의 초상을 얻어 주머니 속에 간직하고 정거장에 이르렀다. 한 대의 자동차에 가까이 와서 한 신사가 일본인과 같이 차에서 내리는 것을 보았다. 곧 초상과 대조하여 이 신사가 내가 찾는 사람인 것을 확인하고 그 차를 내리려는 즈음에 저격하고자 했다. 그러나 나의 총은 회전하지 않았으므로 곧 총으로 그를 구타하고자 하였고 될 수 있으면 그의 두 눈을 잃게 하고자 하였다. 그러나 그는 나를 때리려고 하여 그 찰나 나는 도망쳤다. 그가 나보다 세기 때문이다. 그리고 스티븐스 배후에서 누가 나를 사격하였다. 나는 단독이다. 아침도 먹지 않았고 또한 누구에게도 나의 계획을 말하지 않았다. 나는 단독인 것을 이에 거듭 말하여 둔다.

전명운의 예심은 1908년 5월 1일에서 5월 22일로 연기되었다가 6월 8일 개정되었다. 예심에서 스티븐스 처단의 증거물로 권총이 제시되었지만 전명운은 그 권총을 땅에서 주운 것이라 주장했고 목격자도 지명되지 않았다. 이어진 전명운의 예심은 6월 13일 오전 11시 30분에 시작된 이래 다음과 같이 3차에 걸쳐 진행되었다.

제1차 예심

원고편 수세국사용(징세)인 섹스톤의 증언 : 장인환의 두 번째 총성을 듣고 처음 알았을 뿐 전명운의 행동이 어떠했는지 보지 못했다.

제2차 예심

원고편 콜린 순경 증언 : 당일에 스티븐스를 수용하였던 병원에서 전명운에게 육혈포를 보이면서 '이것이 그대 것이냐'한데 전명운이 끄덕하였다.

피고 변호사 카르란 변호 : 머리를 끄덕였다는 등 그러한 모호한 말로 어찌 증거가 됩니까.

판사 : 변호사 말을 수용한다.

콜린 순경 증언 : (그때 증거물로 땅에서 주은 총을 집어 전명운에게 보여 주면서) 이 총이 그때 총이냐?

카르란 변호 : (콜린 순경의 말을 제지하면서) 대언代言하는 변호사를 두고 직접으로 말하는 것은 격식이 아니다.

콜린 순경 증언 : (말이 막히어서 다시 곁에 있는 부검사 프래힌 씨를 가리키며) 그때 저 사람이 아니면 과연 전명운 씨와 문답한 것은 한국인 전도사 양주삼 씨가 통변하여 서명한 조회가 지금도 있습니다.

카르란 변호 : 콜린은 한국말을 알지 못하면서 전명운이 무슨 말을 한 것을 제가 어찌 증언하며 양주삼 씨가 한국인이고 아닌 것을 또 어찌 알 수 있습니까.

콜린 순경 증언 : 그때 알아듣지 못할 말로 전명운 씨와 양주삼 씨가 문답하는 고로 한국인으로 예측하였다.

제3차 예심

부검사 프래힌 증언 : 당시에 한국인 전도사 양주삼 씨가 통변하여 전명운 씨의 말을 들어 서명한 것이 있으니 증거물로 내놓겠다.

카르란 변호 : 양주삼 씨가 그 때에 확실한 통변 자격이라고 공증할 수 없고 또한 전명운의 말을 진실하게 통변하였는지도 믿을 수 없는 일로 이것으로써 어찌 증거물을 삼겠습니까.

판사 : 양주삼 씨가 진실로 통변하였는지 아니하였는지 그것은 나중에 변백하려니와 양씨가 그때에 이대로 자기가 통변하였는가는 우선 양씨의 말을 들어볼 일이다. 양주삼은 순행전도사로 지방에 출왕했으므로 6월 18일 오전 11시까지 연기하기로 하고 12시 30분에 폐정한다.

이 예심에서 증인들은 전명운이 스티븐스를 처단한 현장을 목격하지 못했고 증거물로 제시된 권총도 전명운의 것이라는 명확한 증거가 없자 일단 통역을 한 양주삼을 소환한 뒤 다시 재판을 하기로 결정했다.

6월 27일 예심은 같은 법정에서 다시 개정되었다. 이 예심에서 변호사들은 전명운의 보석을 신청했고 재판부 판사는 스티븐스를 응징한 증거나 증인도 없었기 때문에 판사는 보석을 허가했다.

> 판사 캐빈 : 지금까지 조사하여도 전명운이 스티븐스를 가해하였다는 증
> 거가 없을 뿐더러 그때에 양주삼이 통변으로 자복한 증언문이 있다 하
> 나 지금 양주삼이 출타하여 증언을 들을 수 없고 또한 장인환은 당초
> 에 전명운을 알지 못한다 하였으며 다만 증거라 할 것은 스티븐스의
> 면상을 구타한 일이나 이것도 목격한 증인이 없다. 그러므로 전명운은
> 장인환 사건에 관련이 없는 줄로 안다.
> 전명운 변호인 : (일시에 일어나 재판장에게) 전명운이 과연 장인환과 관섭
> 이 없는 즉 우리들이 보증금 500원을 낼 것이니 보방(보석)을 청합니다.
> 판사 캐빈 : 변호사 여러분이 다 신용이 있는 처지이니 보증금은 필요치
> 않습니다. 전명운을 소청대로 보방한다.

특히 장인환이 전명운을 알지 못하는 사람이라고 증언한 것이 결정
적 보석 이유였다. 그리고 살인미수 혐의로 구속 기소된 전명운 재판에
서 무료 변호인단은 검찰 쪽이 주장하는 공모 사실을 부인하고 단독 행
위이고 전명운 자신도 총을 맞은 피해자임을 강조했다. 이로써 전명운
은 1908년 3월 23일부터 6월 27일까지 97일간의 구류 상태에서 벗어
났다. 변호인단과 방청인, 전명운은 환호하며 공립관으로 돌아와 독립
재판의 승리를 자축했다.

전명운은 의거 직후 양주삼을 통역으로 하여 병원을 찾아 온 샌프란시스코경찰서 경찰에게 스티븐스를 처단하려 했으나 탄환이 나가지 않아 뜻을 이루지 못했다고 진술했다. 그러나 경찰이 목격한 것이 아니었고 양주삼의 통역만이 증거력을 가지는 것이었다. 그러나 양주삼이 다른 곳에 있어 재판에 참석하지 못했고 다른 현장 목격자도 나타나지 않았다. 거기다 장인환은 전명운을 알지 못하는 사람이라고 증언했다. 결국 증거 불충분으로 석방되기에 이른 것이다.

일제는 총력을 기울여 두 의사를 흉한의 '공범'으로 몰아 사형에 처해지게 획책했다. 이로써 미주의 한인 민족운동을 제거하려는 의도였다. 재판 비용에 5,000달러를 투입하고 변호사 나이트를 후한 보수로 고용했다. 그리고 한국어에 능통한 호놀룰루 일본총영사까지 파견하며 목사 존스를 특별 증인으로 매수했다. 이처럼 전력을 기울인 일제의 재판 조작 책동은 일단 전명운의 석방으로 무산되었다.

7월 1일로 잡혀 있던 전명운의 예심은 통역 양주삼의 불출석으로 8월 15일로 연기되었다. 다시 오클랜드 폭발약 사건으로 재판소가 분주하여 9월 11일로 연기되었다가 예심은 10월 24일로 예정되었다. 그러나 이 시기는 전명운이 블라디보스토크로 망명한 시점이기 때문에 예심은 열릴 수 없었을 것이다.

일제가 매수한 변호인은 전명운이 석방되자 장인환 재판에 매달렸다. 그가 정신이상자가 아닌 고살행위를 한 1급 살인범으로 사형에 처해져야 한다고 강력히 요청했다. 그러나 1908년 12월 7일 장인환의 재판에서 한국 측 무료 변호인단은 일관되게 그는 애국충정의 발로로 순간적인 정신이상 증세가 발작하여 스티븐스를 처단했기 때문에 이는 일종의 정당행위이므로 무죄 석방을 주장하였다. 바로 "사람이 나라를 위하여 지극한 열성이 극도로 지나치게 되면 혹 발광까지 되는 줄 안다. 혹 자기의 조국을 위하여 발광실성한 사람이 있으면 그대들은 그이를 반대하여 해롭게 하겠는가. 그대들은 나라를 사랑하는 정성이 지극한 자는 발광까지 되는 줄을 알지어다. 또한 스티븐스의 죽은 것은 관록없는 의원이 적당한 수술을 행하지 못한 과실로 인함이라. 이것은 의원의 실수한 허물로 돌려보내는 것은 가하되 장인환 씨 탄환이 상한 것은 결단코 아니라. 그 증거는 그때에 간호하던 의원의 시술한 절차를 궁구하면 확연히 알 것이다"고 명확히 설명했다. 이어 원고의 변호하는 지방검사와 일제가 고용한 변호사는 무리한 말로 반대하다가 재판장의 제지를 받았다.

　이어 장인환 재판은 12월 21일부터 증인 신문에 들어갔는데 이병준은 장인환 의사의 발광이 일제의 강압적인 한국 지배 때문이라고 증언했다. 23일 최종 재판에서 변호사 바렛은 "불쌍한 애국지사가 애국심의 발작으로 자기 일신을 돌보지 않고 거사한 것인 즉 일인이 얼마나 행악하였으면 장인환이 이 같은 사살 계획을 세웠겠는가. 여러분도 조국을 생각해 보시오. 여러분의 선조들이 타국의 압제를 당하고 있을 때 애국성의 충정으로 목숨을 버리는 것을 생각해 보라. 자기 아내를 다른 사람이 겁간하는 것을 보면 발광 안 할 사람이 없는 것과 같이 애국지사가 자기 나라를 탈취하는 것을 보고 발광 안 할 자 어디 있으리오. 장인환은 애국지사로 자기 나라를 해치는 자를 죽였으니 무죄이며, 크리스마스 전에 무죄 석방할 것을 요구하는 바이다"라고 변론했다. 최종 변론이 끝나자 12명의 배심원이 참가한 가운데 쿡 판사는 애국적인 발광 환상에 의한 고살죄를 적용하여 2급 살인죄로 판결했다.

마지막으로 1909년 1월 2일 캘리포니아주 고등법원에서 코글란 변호사는 장인환은 그의 조국이 일본의 불법적 침략행위에 희생되었다고 확신하고 스티븐스의 배신 행위에 격분하여 정신 이상적 망상에 사로잡혀 스티븐스를 사살했다고 최종변론을 했다. 이어 쿡 판사는 장인환을 금고형 25년에 선고하고 셀퀜턴교도소 복역을 선고했다. 이와 같이 장인환이 2급 살인죄로 금고형을 받은 이유는 변호사의 탁월한 변론, 일본 사법권이 미국 법정에까지 영향력을 미치지 못했다는 것, 미국 형법 내에는 불완전한 정신 상태에서 행해진 행위는 형 면제 또는 감형된다는 조항 등을 들 수 있다.

보석된 전명운은 장인환의 재판이 진행되고 있는 상황에서 샌프란시스코에 머물 수 없었다. 일본영사관의 온갖 위협을 벗어나기 위해 러시아 블라디보스토크로 정치적 망명을 선택했다. 이때 전명운의 영문 표기를 Chun Myung Woon에서 맥 필드Mack Fields로 바꾸기도 했다. 일본 경찰은 전명운의 러시아 망명을 다음과 같이 분석했다.

전명운은 1908년 9월 하순 블라디보스토크에 나타났다. 그가 온 이유는 이곳에 머물고 있는 재미 한국인과 연락을 취하려는 것이나 혹은 탄약

수송차 온 것. 또는 스티븐스 암살 사건의 관련자인 장인환의 재판이 아직 종료되지 않아 샌프란시스코에 있으면 공범자 재판에 불리하다는 변호사의 권유로 종적을 감추기 위한 것이라는 세 가지 설이 있다. 지금 전명운은 노어 야학교에 다니고 있으며 장기 체류할 것 같다. 그가 블라디보스토크에 오자 한인들이 수차례 환영회를 열어 주었다.

전명운의 블라디보스토크 망명은 재미 한인과 독립운동 연락, 항전할 탄약을 수송, 장인환의 재판에 불이익을 초래할 수 있다는 변호인의 권고에 따랐다는 것이다.

일본은 전명운이 보석되자 한국인 최정익崔正益을 밀정으로 고용해 감시하게 했다. 최정익은 그 대가로 상당한 보수금을 받았고 큰아들 최동崔棟은 한국관비 유학생으로 추천되었다. 일본은 밀정을 고용해 전명운의 동태를 감시하는 한편 고용한 변호사를 시켜 살인자를 석방할 수 있는가 라는 여론을 조성했다.

전명운의 망명은 거주 제한이 있는 보석이었기 때문에 극비리에 진행되었다. 일본은 전명운의 망명 사실을 블라디보스토크 일본영사로부터 확인하고 러시아정부 당국에 죄인 인도를 요구했다.

06 의거의 영향

일제의 강제 침략을 세계에 알리다

전명운·장인환 의사의 스티븐스 처단 의거는 일제의 한국 침략의 부당성을 세계에 알리는 계기가 되었다. 미국 신문·국내외 한국 신문·일본 신문 등에 연일 보도되었다. 그 만큼 처단 의거는 세계적으로 커다란 반향을 일으키고 있었다.

일본 신문들은 이 처단 의거를 한인 흉한에 의한 폭력 살인사건으로 규정하면서 '조난遭難사건', '저격사건'이라고 명명했다. 한국의 발전을 위해 침략했다는 등 왜곡된 논평을 게재하며 두 의사의 처단 의거를 반의거적 여론으로 몰고 가며 침략외교를 합리화하는 데 초점을 맞추었다. "한일 양국인 간에 성망이 있었고 1908년 3월 3일 도쿄를 떠날 때 내외국인의 성한 전별을 받은" 스티븐스가 죽자 "일본 황제는 스티븐스가 죽은 것을 슬퍼하고 친서를 발하여 조상하였으며 이토 히로부미는 스티븐스의 죽음을 듣고 보는 사람마다 향하여 애통한 정을 말하며 전체 일본인민도 크게 격양했다"고 보도했다. 일제는 충견 스티브스가 죽자 미주의 반일 정서가 더욱 격화되고 한국 민족운동이 고조될 것을 두려워했다.

　미국 신문인『샌프란시스코 크로니클』은 1908년 3월 24일자「스티브스는 한국의 공적이라」는 평론에서 두 의사를 애국지사라고 평가하였다. 이어 일제의 한국 침략을 도운 스티브스에 대해서는 비판했다. 나아가 한미조약을 이행하지 않는 미국의 도의적인 책임을 묻기도 했다.

　한국 애국지사 장인환과 전명운이 한국 정부 고문관으로 수년 있다 워싱턴으로 향하여 가는 스티브스는 장씨 총에 두 방을 맞고 전씨도 장씨 총에 한방을 맞았더라. 한국에서 일인에게 잡혀 있는 한인들은 이 총 놓았다는 소리를 듣고 장인환과 전명운을 칭찬하면서 그 이들은 용을 타고 승천하는 것 같이 생각할 터이고 일본서는 이 소문을 듣고 한국을 폴란드와 같이 하기를 생각할 터이고 외교계에서는 그와 같이 일본을 잘 섬기던 미국인을 암살하려는데 경동이 되어 세계 각국이 그 재판을 상세히 살펴보리라. 애국성이라는 것이 한국인 중에 한 생명사인데 러일전쟁 후에 일본이 한국을 점령하는 것보고 자유하는 미국에 와서 애국성을 많이 배양하였더라. 스티브스를 쓰려던 일이 일본이 3년 동안에 한국의 독립을 없이하고 저의 식민지 만든 사실이 반포되도다. 스티브슨이 외부 고문관으로 있어서 그리 됨으로 한인은 그이를 매국적으로 생각함이더라. 1885년에 스티브슨이 일본을 위하여 일을 하였는데 그간 일을 잘함으로 동양에 유명한 사람이 되었고 일본 황제가 상급도 많이 하였거니와 훈

장도 두 개를 주었더라. 당초에는 스티븐스가 미국 참사관으로 일본 도쿄에 가서 있다가 일본의 월급 많이 주는 것을 탐하여 미국 직임은 사면하고 일본에 헌신하였는데 첫 번은 워싱턴 일본공사관 서기관으로 있다가 몇 해 후에 일본 도쿄로 다시 돌아가고 러일전쟁 후는 한국 외무 고문관으로 이름은 하여서 한국 월급은 먹었으나 일본의 유익만 위하여 일하였더라. 헐버트씨가 저술한 책에 말하기를 스티븐스가 한국에 오는 것은 한국의 외교권을 일본이 차지코져 함이라 하였더라. 1882년에 한국이 미국과 조약할 때 말하기를 피차간에 어느 나라이던지 외국의 손해를 당하면 피차간에 극력하여 서로 도와주자한 구절이 있음으로 한국에서 미국을 제일로 알고 믿으며 또 미국 사람에게 275영지 방리나 되는 금광과 전차 등 여러 가지를 허하여 주었더라.

신문 기사는 스티븐스의 친일행위를 구체적으로 열거하면서 한국 식민지화를 도모한 '파렴치한'이라고 비난하였다. 사익을 위하여 한국민 전체를 지옥의 나락으로 떨어트린 행위는 결코 용서받을 수 없는 중대한 범죄로 묘사할 정도였다. 더욱이 미국은 한국과 조약을 통하여 외세의 침략을 받을 경우에는 상호 협력할 것을 명문화하였다. 그럼에도 전혀 한국에 도움을 주지 않는 등 수수방관하는 입장이었다.

1908년 3월 25일자 『더 샌프란시스코 콜』도 스티븐스 처단 의거의 정당성을 다음과 같이 피력했다.

자기가 소유하던 것을 남에게 넘겨주는 것이 아니고 빼앗긴다는 것은 자

존심에 타격을 주는 일이다. 따라서 거기에는 저급한 동물의 세계에서도 치열한 공방전이 수반되게 마련이다. 일본이 최근에 두 차례의 전쟁(청일전쟁, 러일전쟁)에서 이기고 한국을 자기의 판도처럼 주무르고 있는 것은 동양의 평화를 위한다고 하지만 그런 행위가 과연 동양의 평화를 위하는 것인지 그것을 교란하는 것인지는 이번의 한국 애국자들의 행동으로 보아 그 대략을 짐작할 만한 것이라 생각된다. 그런데 여기에 한 가지 우리가 반성할 문제는 비록 직업의 선택은 국민을 위하여 보장된 자유라 하지마는 이 사건에 있어서의 피해자의 경우처럼 쫓기는 자를 넘어뜨리는 행위를 직업으로 한다는 것은 우리 국민의 도의심에 입각해서라도 국가적으로 재고되어야 할 것이다. 금번 사건을 목격하는 우리들은 기울어가는 나라 한국과 그 국민을 위하여 그들의 역경과 용기에 커다란 감격을 금할 수 없는 반면에 그 피해자가 우리들과 국적을 같이하는 점에 우리는 부끄러움을 금할 수 없는 바이다.

이 기사에서는 은유적으로 스티븐스의 행위를 매국적 행위로 간주하며 두 의사에 대한 경의를 표하며 나아가 한국과 한국인에 대한 용기에 찬사를 보내고 있었다.

한국인이 발행하는 신문은 샌프란시스코에서 발행되던 『공립신보』가 제일 먼저 1908년 3월 25일 「정적政敵의 조화遭禍」란 제목에 사설로 의거 소식을 전했다. 「요란한 첫 번째 총소리는 세계 이목을 깨우치고 열렬한 두 번째 총성은 우리 독립혼을 불러냈다」는 부제처럼 대단한 반향을 일으켰다.

동서양 고금 역사를 상고하건대 암살안이 허다하여 혹 의인군자로 암살을 피한 자도 있으며 혹 난신적자로 화란을 피한 자도 있도다. 오늘날 스티븐스가 화란을 당함은 자기 죄악의 결과라. 스티븐스가 여러 가지로 일본 정부의 명령을 복종하여 한국을 해롭게 함은 일반 세인이 다 아는 바이다. 한국 정부의 봉급을 받은 즉 마땅히 한국 정부를 위하여 독립권 보존하기를 개도할 것이거늘 도리어 일본 정부의 종이 되어 5조약과 7조약을 체결하는 때에 책사가 될 뿐만 아니라 미국 사람의 이목까지 가리려고 무리한 말로 각 신문에 게재케 하였으니 스티븐스는 공리의 반적이오. 한국의 원수라 자유를 사모하고 독립을 사랑하여 피가 끓는 한국 사람이 어찌 가만히 좌시하리오. 오늘 이 암살은 순전한 애국혈성에서 나왔다.

법률을 사랑하고 평화를 주장하는 문명 독립 국민은 이 사건에 대하여 의무가 없고 가치가 없다할 듯하나 이것은 다만 내 배부르매 다른 사람의 주림을 알지 못하며 내가 더우매 다른 사람에 차가움을 생각지 아니함이니 미주 13방이 영국을 반항할 때와 스위스가 독일을 반항할 때와 이탈리아가 오스트리아를 반항할 때를 추억하라. 독립자유의 사상이 극점에 달한 고로 날마다 폭동이요, 날마다 암살이라. 이태리 건국영웅 마찌니의 말에 교육과 폭동이 병진한 후에야 문명계에 진보한다 하였으니 이 말이 참 애국자의 비결이로다.

오늘 한국 사람은 18세기 구미 열국민의 사상을 가져야 될지라. 슬프다 동포 동포여 이 포성에 정신 차릴지어다. 매국적이 정부에 가득하고 원수가 국내에 가득하였으니 혈성과 사상이 있거든 애국의사 장인환 전명운 양씨의 적개한 의리를 본받아 내 나라를 해롭게 하는 자와 내 동포를 학살하는 자 어떤 격지라도 가하고 즐지라도 가하고 참지라도 가하니 내외 동포는 합심 동력하여 독립권 회복하는 격문이 세계에 공포되기를 바라노라.

사설은 자유 독립국가가 되기 위해서는 폭동과 암살의 과정을 거치는 것이기 때문에 두 의사의 스티븐스 처단은 공리의 반적이자 한국의 원수에 대한 애국혈성임을 강조했다. 국내외 동포는 두 의사를 본받아 독립권을 회복하기 위해서는 합심할 것을 주창했다.

애국심을 일깨우다

『공립신보』도 같은 날짜에 「동포들에게 알림」이라는 글을 실어 스티븐스 의거가 일제가 군사력을 앞세워 침략하고 있는 한국의 사정을 세계에 알린 것을 높이 평가했다.

이러한 국내외 언론들의 보도는 큰 영향을 미쳤다. 첫째, 한국인들은 러일전쟁 이래 한국 병탄을 위한 일제 침략과 그 충견이 스티븐스의 불의 비행을 국제여론에 규탄하는 알리는 계기가 되었다.

둘째, 국내외 한국민족의 애국혼을 각성시켜 보다 조직적이고 효과적인 항일민족운동을 추진하는 원동력이 되었다. 예를 들면 스티븐스의 처단의 영향에 대해『기려수필』은 다음과 같이 적고 있다.

장인환·전명운 양인이 샌프란시스코에서 한발의 총을 쏘니 그 소리가 북미대륙을 진동하였으며, 이로부터 제 의사의 사살 사건이 국내외 각 지에서 수십 건 일어났다. 그중에서 큰 사건만 들어보면 하얼빈에서 안중근安重根의 이토 히로부미 사살 사건, 남대문 역에서 강우규姜宇奎의 사이토 총독암살 사건, 김익상金益相의 총독부 폭탄투척 사건, 일본 도쿄에서의 김지섭金祉燮의 궁성포탄 사건, 대만에서 조명하趙明河의 구니노미야 구니요시久邇宮邦彦王암살 사건 등이다. 이 중에서 혹은 맞기도 하고 혹은 명중하지 아니했지만 모두 다 장인환·전명운의 사살사건에서 자극받아 창의한 것이다.

마지막으로 이 의거 이후 국내외 독립운동단체들이 통합되어 가기 시작했다. 실제 미주에서 일단 공립협회와 하와이 한인합성협회가 통합되고 이어 대동보국회와 결합하여 미주 지역의 통일적 독립운동 단체인 대한인국민회가 조직되었다.

민족운동세력 통합에 나서다

일제는 스티븐스 처단 사건의 공판을 이용하여 한국 식민지지배의 '정당성'을 미주 지역에 선전하려고 했다. 그 계략은 전명운의 무죄석방으로 좌절되었다. 일제는 장인환을 법정 최고형을 받게 진력하는 한편 전명운을 처단의 주모자로 재수감시키려는 공작을 추진하고 있었다. 이러한 상황에서 샌프란시스코 한인공회는 전명운을 일단 연해주로 보내기로 결정했다. 결국 1908년 8월경 전명운은 샌프란시스코를 출발하여 뉴욕으로 가서 대서양을 건너 베를린·모스크바를 거쳐 연해주로 향했다. 그리고 1908년 10월 6~7일경 블라디보스토크에 도착했다. 「양의사 합전」에 의하면 전명운의 여정은 다음과 같다.

전 의사는 청년이라 앞으로 어떤 특별한 계획을 다시 세울지 우리가 알지 못하지만 지금 베를린에 들렀다가 비스마르크 대제의 장도를 상상하며 모스크바에 당도해 대피터 황제의 유적과 풍물을 관찰하고 시베리아 광야를 건너 흑룡강 남북에 있는 우리 동포를 방문하러 갔으며.

블라디보스토크에 도착한 전명운은 계동학교 앞쪽에서 이치곤李致坤이 운영하는 여관에 여장을 풀었다. 이 여관은 독립운동가들의 숙소와 연락처 역할을 했고 이후 안중근이 이토 히로부미를 처단하기 전에 이곳에 거주하기도 했다. 전명운을 위해 3차례에 걸쳐 환영회가 열렸다. 전명운은 담배를 만드는 일을 하면서 러시아어 야학에 다녔으나 학비를 못 낼 정도로 경제형편이 어려웠다고 한다. 이러한 처지를 안 한인과 중국인들이 그를 돕기 위해 모금을 하자 그는 나보고 이곳을 떠나라고 하는 말이냐며 받지 않았다.

전명운은 공립협회 특파원의 자격으로 연해주로 왔기 때문에 공립협회 지부 설치 사업에 제일 먼저 힘을 쏟았다. 공립협회는 전제정치의 폐습이 나라가 망한 요인으로 판단했다. 그래서 계급 타파와 공화제 국민주의 실시로 국권회복을 추진하였다. 공립협회는 미주에 지부를 설치하고 국내·일본·블라디보스토크 등지에 한인단체를 통합하려는 통일연합론을 주창하였다. 공립협회는 1907년 1월 통일연합론에 따른 통일연합기관 설치를 결정했다. 그 계획은 대한신민회 발기로 구체화되었다. 안창호·이강·임준기 등이 캘리포니아주 리버사이드에서 발기한 대한신민회 취지서에는 발기 목적을 다음과 같이 밝히고 있다.

우리 한인은 내외를 막론하고 통일연합으로써 그 진로로 정하고 독립자

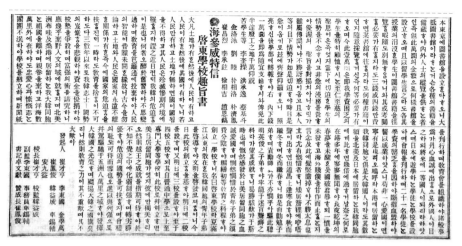

계동학교설립취지서(『황성신문』1907년 5월 29일)

유로써 그 목적을 세움이니 이는 신민회의 발원하는 바며 신민회의 회포하는 까닭이니, 약언하면 오직 신정신을 환성喚醒하여 신단체를 조직한 후 신국가를 건설할 뿐이다. 본 회의 목적은 우리 한국의 부패한 사상과 관습을 혁신하며 국민을 유신케 하며 쇄패한 발육과 산업을 개량하여 사업을 유신케 하며 유신한 국민이 통일연합하여 자유문명국을 성립하는 데 있다.

위와 같이 대한신민회는 국내외 한인들을 통합하여 독립을 이루고 자유문명국을 건설하기 것을 목적으로 했다. 그 목적 달성을 위해 "국내외를 막론하고 애국성이 있는 동포로써 일체 단합할 것, 회원이 산재한 각 구역에 연합기관을 분치하여 교통 방편을 오로지 힘쓸 것, 실력을

대한인국민회관 전경(1909)

확장하여 국체를 완전케 할 것" 등으로 실행방법을 정했다. 공립협회는
국내외에 각 지역에 지회를 설치하여 연합기관 지부의 설치를 추진했다.

1907년 말경 국내에서 안창호·양기탁梁起鐸·이승훈李昇薰·안태국安泰
國·이갑李甲·이동휘李東輝 등에 의해 신민회가 창립된 것은 이러한 공립
협회의 연합기관 지부의 설치의 일환이었다. 이어 원동遠東(당시 미주 한
인들은 서북간도, 남북만주, 노령 연해주 등을 총칭하여 원동이라 불렀다)지회 설
립이 본격적으로 추진되었다. 그 결과 1908년 9월 25일 김석영金錫永·
김기옥金基玉 등 30여 명을 발기인으로 29일 공립협회 수청지방회가 조
직되었다. 이와 동시에 계동학교, 블라디미로 알렉산드로브스코예 니콜
라예브카에 『공립신보』 지사를 설치하였다.

대한인국민회 제1차 시베리아지방총회(1913)

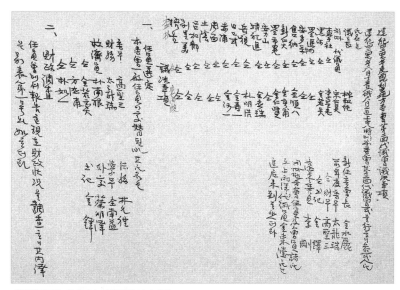

대한인국민회 시베리아 지방총회 의결사항

1909년 1월 7일 오주혁吳周赫·정순만鄭淳萬·이홍기李鴻基 등에 의해 블라디보스토크 지방회가 설립되었다. 연해주에서 공립협회는 2곳의 지회를 설치한 뒤 신영학교와 계동학교를 중심으로 민족교육을 실시하고 『대동공보大東共報』를 발행하여 애국정신을 고취시켰다. 1909년 2월 미주에서 샌프란시스코 공립협회와 하와이 한인합성협회가 통합하여 국민회로 개편된 뒤 공립협회 사업은 국민회로 이관되었다. 같은 해 5월에는 국민회와 대동보국회가 결합하여 대한인국민회로 통합되었다. 대한인국민회는 미주 지역 전체를 대표하는 민족운동단체가 되었다. 그러나 연해주에서는 1909년 4월 28일 블라디보스토크 하바로프스크 부인동지회가 설립되고 1911년까지 16개 지회가 더 조직되었다.

위와 같이 전명운이 연해주에 도착하였을 때 이미 수청지방회가 활동하고 있었다. 이듬해 1월에는 블라디보스토크 지방회가 조직되었다. 전명운이 연해주 공립협회에서 1908년 10월부터 1911년까지 공립협회 대표원인 것으로 확인되나 어떤 관계를 맺고 활동을 했는지는 명확히 알 수 없다. 그러나 1909년 5월에는 미주와 하와이지방총회의 공동 결의로 특파원 정재관·이상설을 원동에 파견하였는데 이상설은 블라디보스토크에 가서 공립협회 대표원 김성무와 전명운을 동반하고 아령을 순행했다는 기록이 있다.

또한 전명운은 이치곤이 경영하는 여관에 묵고 있었다. 일제 정보 문서에 의하면, 이치곤은 『대동공보』와 밀접한 관계였다. 그가 경영하는 여관은 안중근·정대호鄭大鎬·조도선曺道先·우연준禹連俊·김백일金成白·김형재金衡在 등 독립운동가들의 연락 거점이었다. 이치곤은 한자신문에 독립운동 기사를 게재하기도 했다고 일제는 파악하고 있다. 이로 미루어 보면 전명운도 연해주지역 독립운동가들과 밀접한 관계를 맺었을 것이다. 이후 이치곤은 1909년 대한인국민회 블라디보스토크 지방회 회원으로 활동했다.

∙∙∙
무장투쟁을 전개한 동의회에 가담하다
∙∙∙

연해주에서 전명운은 동의회同義會에서 활동했다. 동의회는 1908년 5월경 크라스키노에서 최재형崔在亨 · 엄인섭嚴仁燮 · 안중근 · 백삼규白圭三 · 이경화李京化 · 김기룡金基起龍 · 강창두姜昌斗 · 최천오崔天五 등 의병 지도자들이 조직하였다. 블라디보스토크에는 지부를 설치하였다. 1909년 10월경 동의회의 조직은 회장 최재형, 부회장 이위종李瑋鍾, 평의원 안중근 · 엄인섭, 주요 회원 함동철咸東哲 · 정순만 · 이홍기 · 김용환金龍煥 · 한경현韓景鉉 · 김기룡 등 20~30명이 있었고 회원은 2~3천 명에 이르렀다. 전명운은 주요 회원에 소속되었다.

동의회 취지서는 "민족운동자간의 단결과 이주 한인들의 조국정신 배양을 최급무"로 했고 "철환을 피치 말고 붉은 피로 독립기를 크게 쓰고 동심동력하여 무장항일전에 진력할 것"을 촉구했다. 동의회는 의병을 뜻하며 무장투쟁을 목적으로 했다고 할 수 있다. 당시 연해주 지역을 중심으로 활동한 의병장 이범윤李範允 등과 연계하여 활동했다. 이러한 무장투쟁 노선의 목적을 가졌기 때문에 전명운은 동의회에 참여한 것이었다.

大韓隆熙二年五月十日 俄曆一千九百八年四月二十七日 日曜 海朝新聞 第三十六號 (一)
히죠신문
日曜日及祭日以外每日發刊
Хэчё-синмунъ
ВЛАДИВОСТОКЪ, Корейская слободка
◉별보別報
▲同義會趣旨書
▲동의회 취지서
◉각디뎐보 各地電報
◉松島艦爆沈
◉波斯內亂
◉美艦隊入港
◉秋期大操練

동의회 취지서(『해조신문』 1908년 5월 10일)

실제 동의회 소속 함동철·엄인섭·정순만 등은 전명운의 스티븐스 처단 의거를 찬양하고 자기들도 그런 기회가 없음을 한탄하고 선망했다. 전명운은 안중근과 블라디보스토크에서 3~4회 만나 독립을 위한 애국애족의 고취, 일제와의 투쟁 방법에 대해 의견을 교환했다. 안중근이 이토 히로부미를 처단하고 일제의 심문을 받았을 때 "나이는 어렸으나 전명운은 심사心事가 강정强情한 청년이었다"고 평가하였다.

08 대한인국민회 활동

미국으로 귀환하다

전명운은 연해주에서 공립협회 지회와 동의회 등에서 활동하다가 뉴욕으로 돌아왔다. 1909년 10월 2일 샌프란시스코 일본총영사대리가 일본 외무대신에게 보내는 문서에 의하면, 전명운은 시베리아를 경유하여 뉴욕에서 일하고 있었다. 이 문서에 따르면 그는 늦어도 1909년 9월경 뉴욕에 도착한 것으로 보인다. 그럼 전명운이 다시 미국으로 귀환한 이유는 무엇일까.

우선, 안중근의 이토 히로부미 처단 의거와 관련이 있을 것이다. 안중근은 전명운의 스티븐스 처단 의거를 듣자마자 의연금을 모집하여 보내고 두 의사처럼 일본군을 응징할 것을 장담했다. 또한 평의원으로 있던 동의회 주최로 의거를 찬양하고 자신들에게도 그런 기회가 없음을 한탄하고 선망했다. 연해주에 도착한 전명운은 동의회에서 활동하면서 안중근을 서너 차례 만났다. 안중근은 전명운보다 5살 연상이었지만 전명운의 스티븐스 처단 의거를 높이 평가하고 흠모했다.

안중근은 이토 히로부미를 처단하고 일제 경찰의 심문에 대한 답변에서 전명운에 대해 "아직 연소하여 일정한 생각은 없는 것 같으나, 인물은 심사가 강정인 것 같았다"라고 평가했다. 일제 경찰에 체포되어 답변한 것을 고려해야 하지만 전명운에 대한 그의 생각을 엿볼 수 있다. 여기서 '아직 일정한 생각은 없다'는 것은 이토 히로부미 처단과 전명운은 관계

안중근

가 없다는 것을 증명하기 위해 의도적으로 진술했다고 볼 수 있다. 전명운은 안중근과 교류하면서 안중근이 이토 히로부미를 처단하기 위한 준비에 착수하고 있다는 것을 알았을 것이다. 이런 상황에서 안중근은 전명운이 이 의거로 인해 다시 고초를 겪을 것을 우려해 미국행을 권유했을 것으로 생각된다. 실제 전명운의 뉴욕 도착일이 1909년 9월 이전이고 이토 히로부미 처단일이 1909년 10월 26일인 것이 그런 상황을 추정할 수 있게 한다.

실제 이토 히로부미 저격이 성공하자 일제는 "블라디보스토크 부근에 거주하는 동의회원으로 청년 과격배이다. 안중근·정순만·전명운·김세하金世河 등 수십 명의 동지자가 굳게 단결하고 있다"하여 전명운을 그 의거의 장본인으로 지목하기도 했다. "주모자는 이범윤으로 1909년 2월 한국 황제의 서한순행 당시 이토 히로부미가 호종하였을 때도 위

이범진

해를 가하고자 계획하는 바 있었다. 또 전명운 등이 미국인 스티븐스를 살해하였으니 그가 교사한 것"이라 파악하며 전명운이 이토 히로부미 처단에 깊숙이 관여했을 것으로 판단했다. 당시 신문에도 "하얼빈에 한인들은 근래 러시아인이 경영하는 공장에 사역되는 자가 많은데, 이번의 범인은 배일당 수령 전명운 또는 이범진 일파로 포셋트만 부근의 근거지로부터 잡입했을 것으로 추정된다"며 전명운이 관련되었을 것으로 보도했다.

한편으로는 장인환의 재판이 끝난 것을 확인하고 전명운이 다시 미국행을 결심했을 것이다. 장인환은 1909년 1월 2일 캘리포니아주 고등법원에서 2급 살인죄가 적용돼 25년 금고형을 선고받고 샌퀜틴San Quentin교도소에서 복역하게 되었다.

또한 생활고도 전명운이 다시 미국으로 돌아가게 한 이유 중 하나였다. 그가 연해주에 도착한 뒤 바로 러시아어를 배우기 시작한 것은 장기 체류하며 민족독립의 앞날을 준비하려는 목적이었을 것이다. 그러나 강직하고 자립심이 강한 성격이어서 연해주 한인들이 거둔 의연금도 단호히 거부했다. 홀로 노동에 종사하면 야학을 다녔지만 학비를 낼 형편도 못 되었다. 야학의 반 달치 월사금 1월 50전도 못낼 만큼 궁핍했다.

전명운은 일단 시골에 은둔하면서 시세를 관망했다. 1909년 11월 초 샌프란시스코 동쪽 110킬로미터 밖의 스톡턴Stockton에 농장을 빌려 농사를 지었다. 이름도 맥 필드로 바꾸고 일제의 감시망을 벗어나려 했다.

미국에 다시 온 전명운은 일체 외부와 접촉을 접고 대외활동을 하지 않았다. 1915년 4월 22일자 『신한민보』에 의하면 전명운은 국민의무금으로 5원을 냈다. 시기와 장소는 알 수 없으나 이즈음 그가 대한인국민회에 가입했음을 알 수 있다. 그리고 1917년 4월 6일 대한인국민회 맨티카ManTeca지방회 통상회에서 한치용의 후임으로 실업부원에 보임되었다. 그때부터 대한인국민회에서 직책을 가지고 공개적으로 대외활동을 시작했다.

1917년 7월에는 '박명오 사건' 의연으로 1원을 기부했다. 그 사건은 같은 해 5월 3일 박명오가 김영호와 사소한 다툼 끝에 김영호의 총에 맞아 죽은 것이었다. 박명오는 세크라멘토지방회 평의원으로 활동하며 60에이커의 농장을 도급받아 운영했다. 『신한민보』에 따르면 동포 간의 말다툼으로 벌어진 이 사건에 대해 가해자인 김영호는 흉도로 표현하고 피살된 박명오를 위해서 수 차례의 의연금을 걷었다.

1917년 전명운은 미국 캘리포니아 맨티카 177번지에 거주하며 결혼생활을 하고 있었다. 농장을 정리하고 세탁업에 종사하던 1917년 9월 6일 그의 부인이 복부병으로 스톡턴병원에 입원하여 수술을 받고 퇴원하였다. 그러나 12월 18일 스톡턴 소재 카운터병원에 다시 입원하였는데 첫아이는 6개월 만에 유산되고 말았다. 전명운 부인의 첫 번째 입원도 임신과 관련된 복부병으로 보인다. 전명운의 결혼생활은 부인의 입원과 퇴원 그리고 첫째 아이의 유산과 적지 않은 병원비 등으로 슬픔과 경제적 어려움이 거듭되고 있었다.

이런 와중에서도 전명운은 총회가옥은행채보상 제9회 발기자로 응모했다. 대한인국민회는 중앙총회 회관을 건립하며 은행채보상 발기자를 모집했다. 가옥은행보상은 1917년 8월 발기자 모집이 시작되었다. 가옥은행보상은 총액 3천5백 원이었다. 매명 6원을 낸 사람 5백명을 모집하기로 작정하고 처음 22인을 제1회로 잡고 그 다음 22인을 뽑아 제2회로 만들고 그 후에는 차례로 이와 같이 하여 발기자 모집 권한을 양여할 터이오니 혈성 있고 뜻이 같은 여러 동포께서는 속히 응모하여 발기자 모집에 힘쓰기를 바란다는 광고가 나왔다.

전명운은 기계채청장의연 수의기부 2원을 의연했다. 『신한민보』를 한글식자기계로 발간하기 위해 기계채청장동맹은 1918년 5월 25일 기계채청장 발기문을 선포했다. 한글식자 값 2,700원 중 2,000원을 의연으로 모집한다는 내용이었다. 대한민국민회 총회장 이대위가 식자값의 500원을 기계회사에 선급금으로 주고 기타 설비금 300원을 기부금으로 갚은 나머지가 2,000원이었다. 기계채청장동맹자는 1인이 5원씩 내면 1회에 10인씩 50회에 걸쳐 모집한다는 계획이었다. 이 모집 계획은 성공적으로 끝났다. 1919년 4월 15일 『신한민보』에 게재된 「기계채청장을 치하합니다」라는 기사는 이 사업의 의의를 다음과 같이 밝혔다.

이 기계로 말하면 오늘날 우리 독립에 긴요히 편리하게 쓰는 기관이라. 우리 2천 5백만의 원통한 소리를 같이 지르며 이 기관으로 우리 1천 5백 년 원수를 같이 성토하며 이 기관으로 세계 5대주의 소식을 통하여 또 이 기관으로 우리의 정신, 우리의 단합, 우리의 혈맥, 우리의 문명을 유지 발전하였으니 과연 이 기관의 힘이 대포 몇 개만 못하지 않으며 군함 몇 척만 못하지 않도다. 만일 이 기관이 없었으면 우리는 원통한 사정이 있었지만은 한 목소리로 고함칠 수 없었을 것이며 우리는 원수를 대적할 마음은 있으나 동일한 힘으로 성토치 못하였을 것이며 우리는 5대주의 풍운 소식을 알지 못하였을 것이며 우리의 정신과 혈맹이 끊어졌으리니 과연 우리의 독립을 찾는 기관이며 유년하는 기관이라.

왜놈의 대포는 우리의 육체를 살육할 수 있으되 우리의 정신은 어찌 못하며 원수의 군함은 우리의 재산을 파괴할 수 있으나 우리의 국혼은 어찌 할 수 없도다. 우리의 정신이 이 기관으로 인하여 살아 있고 우리의 국혼이 이 기관으로 인하여 활동한 즉 왜놈이 제 아무리 강포하고 잔인하고 무도하고 야만인들 오늘 양심의 명령이 세계를 관할하고 인도의 계명이 사회를 다스리는 시대에 대포와 군함이 점점 무력하여 가는 시대에 우리 국민회의 기관이 과거에도 공효가 많거니와 오늘에 더욱 큰 힘이 있도다.

전명운이 여기에 동참한 이유는 한인 사회를 지탱하는 주요한 연결고리로써 『신한민보』에 주목하였기 때문이다. 이 신문을 많이 발간·보급함으로써 상호간 교류 확대에 의한 원활한 소통은 가능하리라고 인식하였다. 대동단결은 교류·소통에 의하여 이견을 조율하는 가운데 가능한 문제였기 때문이다.

전명운은 동포들의 구제에도 적극적으로 참여했다. 1918년 재미 유학생 이걸의 병원비로 1원을 의연했다. 1918년 12월에는 이창서 구제

의연으로 3원을 기부하였다. 미주에 친척도 없고 연로하고 병이 든 이창서를 국내로 귀국시키거나 양로원에 입원하기 위한 의연이었다. 모집된 의연금으로 이창서는 1919년 2월 22일 귀국할 수 있었다. 이처럼 전명운은 한인공동체를 유지하는 주요한 기반으로 경제적인 상호부조라고 인식하고 동포들의 경제적인 후원에 앞장섰다.

대한인국민회에서 활동을 재개하다

앞서 살펴보았듯이 대한인국민회는 기존의 미주 지역 독립운동 단체들이 통합하여 결성되었다. 국민회는 미주·중국·러시아 등지에서 공립협회보다 더욱 조직적이고 광범위한 지부를 가졌다. 국민회가 미주 지역 통합단체로 결성되는 데는 스티븐스 처단 의거가 결정적 계기가 되었다. 곧 장인환·전명운 의사의 재판 후원 목적으로 공립협회와 대동보국회가 공동회를 구성하면서부터였다. 서북 출신인사가 주축이었던 공립협회가 공화정에 입각한 국민국가건설을 목적으로 한 반면, 기호 출신이 주류였던 대동보국회는 보황保皇주의적 성격을 지녔다.

스티븐스 처단은 지역적·이념적 차이를 극복하고 통일조직을 만드는데 결정적 역할을 수행했다. 물론 미주지역 한인단체 통합논의는 이강·임치정·정재관·최정익·이병호 등이 주장하였다. 이어 1907년 11월 하순부터 안정수安定洙가 미주 지역·하와이·멕시코 등의 한인 단체의 통일연합을 제시했다. 12월에는 강영대姜永大가 공립협회와 대동보국회의 단체통합이 되어야 하는 이유를 내세웠다. 일제는 재미한인사회의

大韓人國民會憲章

建國紀元四二四一年二月一日創立

民國四年一月五日
국민회 총회 제十四회 대의원회의에
서 본 헌장 공九장 九十三됴를 기
뎡 하야 총회장 최진하씨의 승인을
엇어 본일에 반포홈.

우리 국민회원은 교육
실업을 진발하며 자유
와 평동을 뎨챵하며 동
포의 영예를 증진케하며
조국의 독립광복을 원
조하기 위하야 본 헌장을
이에 뎨뎡반포홈.

대한인국민회 헌쟝

제一장 총측

뎨一됴 본회는 대한 국민으로 성립 하야 이름 편 대한인, 국민회라 칭홈
뎨二됴 본회의 목뎍은 교육과 실업을 진발 하며 자유와 평등을 뎨챵하며 조국의 독립광복을 원조 함에 잇슴
뎨三됴 본회의 쌤급은 총회와 디방회와 밋 예비 디방회의 세가지롤 구별홈

一, 大韓人國民會總會 (HEADQUARTERS OF KOREAN NATIONAL ASSOCIATION) 라 청홈
二, 大韓人國民會地方會 (KOREAN NATIONAL ASSOCIATION OF ......) 라 청홈
三, 大韓人國民會預備地方會 (DIVISION OF KOREAN NATIONAL ASSOCIATION) 라 청홈

제一장 총측 三

대한인국민회 헌장

단체의 통합을 두려워하는데 만약 통합되지 않으면 일제는 재미 한인 사회의 이간분열책으로 "서울파라 평안도파라 친일파라 배일파라 지목하여 근거없는 낭설을 조작하여 내외국 인심을 선동하는 것"을 막기 위함이라는 것을 들었다.

스티븐스 처단 의거와 1907년을 전후하여 제기된 미주지역 민족운동 단체의 통일논의가 진척되어 1909년 2월 1일 국민회가 결성되었다. 국민회는 해외 한인의 최고 기관이고 한국과 한국 국민을 대표한다는 통일연합론에 근거한 통일연합기관임을 자임했다.

국민회가 어찌 구구한 해외 각지에 있는 몇천 명의 단체에만 그치고 둘바이오. 이 국민회로 시작하여 문명의 선봉임을 자임하며 존국흥민의 모범을 자임하여 우리 이천만 국민을 단합하여 제창하며 경성하여 우리 국민의 이익을 번병藩屏하며 우리 국민의 목적을 최탕하며 우리 국민의 주권을 회복하며 우리 국민의 적대를 항굴降屈케 하여 우리 국민의 영광과 명예를 세계 만국에 나타나게 한 연후에야 이 국민회의 범위를 채우며 목적을 도달할지니 이는 국민회의 담임이며 권리이며 의무이다.

국민회는 1909년 3월 24일 국민회의 목적과 구성 등을 담은 국민회 장정을 공포하고 중앙총회와 지방회 조직을 본격적으로 추진했다. 국민회장정은 국권회복운동과 국민국가 수립을 목적으로 "해외 한인을 관장할 최고 기관인 중앙총회 설립하나 그 위치를 시의의 편리함을 쫓아" (제4조) 중앙총회를 두게 되어 있었다. 미주 지역에서 지방회는 공립협회 시기 지방회가 국민회로 개편되었다. 반면 원동 지방 등에는 지방총회가 설립되지 않아 우선 북미지방총회가 임시로 중앙총회의 역할을 대행하고 있었다. 중앙총회의 조직을 해외 각 지역의 총회가 수립된 뒤로 미루었다.

1909년 4월 국민회 총회장 정재관과 이상설을 만주와 러시아 지역 특파원으로 파견한 결과 같은 해 말 러시아 일대에 1만여 명의 회원을 가진 13개 지방회가 결성되었다. 4월 멕시코로 파견된 특파원 황사용과 방화중은 5월 메리다지방회를 조직했다. 1909년 10월에는 하얼빈지방회가 조직되었다. 국외 각 지역에 지방회가 조직되어 가자 국민회는 10월 임시중앙총회를 개최하고 중앙총회를 정식으로 조직할 것을 촉구했다. 1910년 5월 10일 국민회는 대한인국민회로 확대·개편되었다. 9월 하와이 지방총회와 북미지방총회는 중앙총회 설립을 위해 대표원을 선임하고 논의한 결과 1911년 3월 대한인국민회 중앙총회가 설립되었다.

1918년 12월 31일 맨티카지방회 통상회에서 전명운은 회장으로 선출되었다. 이제 그는 대한인국민회 지방회에서 주도적 역할을 하기 시작하였다. 1919년 1월 10일 가출옥한 장인환을 11일 샌프란시스코에서 만나 평생의 정의를 표하였다. 맨티카 지방회장으로 제일 먼저 학교를 다시 열고 3·1 개학식을 거행하였다. 그는 학문을 배워 독립에 조금이라도 보탬이 되기 위해 미국으로 온 것이었는데 스티븐스 처단 의거로 중단되면서 후학양성에 힘을 기울였다. 맨티카 국어학교 개학식에서 그는 '교육의 본의'라는 주제로 연설을 했다. 교육의 1차적 목적이 독립국가를 수립하려는 데 있다는 사실을 학생들에게 역설하는 내용이었을 것이다.

조국의 독립을 위한 의연금 모금에 동참하다

국내 3·1운동 소식이 미주에 전해지자 신한국 독립선언을 경축하기
위해 맨티카·스톡턴 지방 동포 30여 명은 연합축하회를 개최하였다.
이 축하회에서 전명운은 맨티카지방회장 자격으로 취지 설명을 했다.
1919년 7월에는 독립금으로 50원을 의연했다. 8월에는 적십자회비 10
원을 의연하였다. 우리 독립과 자선사업을 목적으로 하는 적십자회비는
3·1운동 때 일제의 총칼 앞에 순국하거나 중경상을 입은 사람들이나
옥고를 치르는 독립운동가나 그 후손을 구제할 목적이었다.

이후 전명운은 맨티카에서 윌로우스 지방으로 이주하였다. 이 지방
은 김종림·임준기·이흥만·이재성 등이 대규모 농장을 경영하고 있었
다. 이곳에서 한인노동자를 위한 여관업과 노동주선으로 생계를 이어갔
다. 대한인국민회 북미총회의 인준을 받아 1920년 2월 21일 윌로우스
지방회가 개회되고 임원을 선출할 때 부회장으로 선임되었다. 같은 해
4월에는 상하이에서 발행되는 『독립신문』 유지를 위한 맥스웰과 월로
우스지방회 의연금 수합위원으로 선임되었다. 1920년 6월 28일 100달
러 대한민국임시정부 독립공채를 매입했다. 1919년 9월 1일 발행된 이
공채는 영문·한문·한글 표기로 대한민국 집정관총재 이승만, 특파구미
위원장 김규식 등의 친필과 서명이 있었다. 현재 독립기념관에 소장되
어 있다.

1921년 3·1절 기념 축하식이 윌로우스에서 82명이 모여 거행되었
다. 이 자리에서 전명운은 연설을 했다. 1921년 10월 16일 전명운은 계

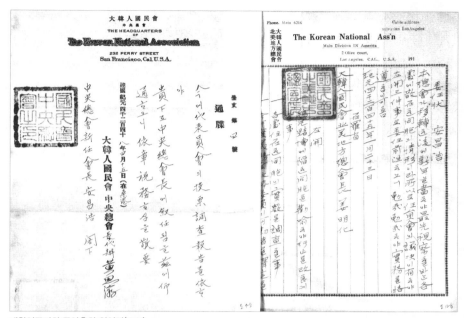

대한인국민회 중앙총회 위임장(1915)

대한인국민회 지방총회 창립기념 축하

장인환·전명운 의사 석방 축하 기념(1924)

속 여관을 경영하면서 생계를 이어 갔다. 1923년 3·1절 맥스웰 시티홀
에서 개최된 기념경축식 때에도 연설을 했다.

　1924년 4월 13일 장인환·전명운 양의사 축하회가 샌프란시스코 한
인예배당에서 300여 명의 동포가 참가한 가운데 거행되었다. 스톡턴에
서 12일 저녁 샌프란시스코에 도착한 전명운은 축하회 석상에서 재미
동포에게 감사하다는 인사말을 하고 이어 스티븐스 처단 의거에 대해
다음과 같이 연설했다.

　우리 두 사람이 그때에 충분한 마음을 이기지 못하고 스티븐스를 총살하
고 나는 여러 동포의 힘으로써 보방(보석)되어 거의 16년 동안이나 자유
로 돌아다닌 동시에 장인환 씨는 오늘까지 감옥에서 고생하시다가 지금
에야 해방되었으니 제 마음에 기쁩니다. 우리가 그때에 그 일을 행할 시
에 그것으로써 우리나라가 독립하리라고는 믿고 한일은 아니지만 우리

가 그 일을 함이 단순한 자발적 충분지심으로써 분함을 이기지 못하여 우리 두 사람이 자원하여 한 일인 줄로 알아 주시기를 바랍니다. 오늘 장 인환 씨는 비창한 감상이 있을 줄 압니다. 그이는 단지 나라를 위하여 10 여 년 동안 감옥에서 고생하였는데 우리는 아직도 독립을 성취하지 못하 였습니다. 또한 여러분이 알아 주시기 바라는 것은 전명운이 무슨 학식이 넉넉하여 동포를 인도할 자격은 못되나 그러나 전명운도 우리나라에 쓰 일 곳이 있는 줄 압니다. 내가 블라디보스토크에 있을 때에 고 안중근 공 에게 이런 말을 들었습니다. 어떤 사람이 안공을 구타하려 하매 안공이 자기 몸을 가리키며 하는 말이 장차 쓰일 데 있는 이 몸을 허투로 써서야 되겠냐 하더니 그 후 함경도에 우익장으로 출전하여 일병과 싸울 때에 어 떤 정탐군이 그의 유숙하던 곳을 고발한 고로 다수의 일본 경찰이 잡으려 할 때에 안공은 풀밭 속으로 기어서 도망하였습니다. 그때에 안공의 좌우 무릎팍이 여지없이 깨여졌음으로 나는 말하기를 "중근아! 네 큰 뜻이 그 만 반이나 깨여졌구나"하였습니다. 그러더니만 안공이 과연 큰일을 하였 습니다.

전명운은 장인환 의사에 대한 미안함을 표현하고 안중근 의사의 이 토 히로부미 처단 의거를 칭송하면서 자신도 우리나라가 독립이 될 때 까지 계속하여 반일투쟁을 전개할 것이라는 결의를 분명히 표명했다. 장인환의 10년 이상 고군분투에도 아직 조국광복이 실현되지 못한 현 실을 안타깝게 바라보았다. 이들은 스티븐스 저격으로 독립이 실현되리 라고 굳게 믿었다. 확신에 찬 신념은 의열투쟁을 감행할 수 있는 원동력이었다. 이처럼 그는 당시 의열투쟁을 가장 중심적 독립노선으로 받아들이고 있었다.

『신한민보』에는 축하회를 상세히 기사화했는데 그 말미에 장인환과 전명운 양의사에 대한 찬왈讚曰을 싣고 있다.

장·전 양공의 꾕꾕한 총소리, 천지가 흔들이고 산악이 동했다.
만인의 잠든 귀를 깨쳤으며, 원수의 간담을 서늘케 하였다.
위대하다 그네들의 충의 혈심, 천추만대에 영원 누전되리라.
10수 성상 철창 속 그 고통을 국민된 자 누구 잊을 자 있으랴.

이러한 기사는 미주 한인사회 청소년에게 항일의식을 일깨우는 계기였다. 3·1절이나 경술국치일에 즈음하여 개최된 기념식 행사는 스스로 각오를 재확인하는 교육현장이었다.

1924년 11월 16일 스톡턴 국어학교 창립 제2주년 기념식이 125명이 참석한 가운데 개최되었다. 여기서도 내빈으로 초대된 전명운은 연사로 연설했다. 1926년 4월 27일에 스톡턴에서 전명운의 딸이 출생하였지만 6월 25일 부인은 해산 후유증으로 병원에 입원하여 수술을 받았다. 이어 9월경 사업을 목적으로 가족을 데리고 다뉴바 우리들리로 이사를 갔다.

1928년 4월 우리들리에서 전명운은 박호근朴浩根을 총으로 쏘아 경찰에 체포되고 박호근은 넓적다리에 총살을 입고 프레스노병원에 입원했다. 이 사건으로 전명운은 프레스노감옥에 수감되었고 그 가족의 생

장인환 묘(대전국립묘지)

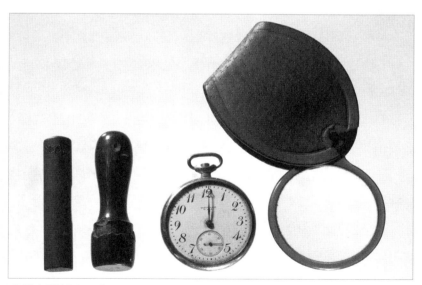

장인환의 유품(인장, 시계)

활비는 프레스노 카운티에서 매주 5원씩 지원해 주었다. 이후 박호근은 가족을 데리고 우리들리를 떠났는데 이 사건의 진상은 알 수 없지만 전명운에게는 고통의 연속이었고 1929년 3월 26일에는 부인이 스톡턴 공립병원에서 별세하였다. 부인의 장례는 스톡턴에 거류하는 문양목·박대일·홍종술 등이 『신한민보』 본사에 부고장을 발송하고 각처 동포들에게 부음을 발표하여 기부금 130여 원을 장례비로 하여 30일 공동 매장지에 안장하였다.

전명운은 1930년 3월 국내에서 일어난 광주학생운동 후원금으로 1원을 기부했다. 학생들의 항일운동에 새삼 독립운동에 대한 의지가 불타오르는 계기였다. 6월에는 장인환 사회장 장례비로 5원을 기부했다. 동지에 대한 애틋한 심정을 가늘 길이 없었다. 절망감과 고독감이 물밀듯이 다가왔다.

한편 1935년 2월 17일 로스앤젤레스 하일랜든 공원에서 근처 고아원에 살고 있던 6살 알프레드는 익사해 20일 천주교묘지에 안장되었다. 알프레드는 전명운의 소중한 외동아들이었다. 부인이 사망하자 전명운은 로스앤젤레스로 옮겨 세탁소에서 일했으나 혼자 3명의 자녀들을 돌볼 수 없어 고아원에 의탁해 두었다가 이런 참변을 당하고 말았다.

"나의 하나 뿐인 아들이 불행히 물에서 죽은 바 로스앤젤레스 부인회와 각 교회에서 큰 성력을 다하여 장사는 잘 지내고 교회와 여러 동포며 국민회에 대하여 감사함을 마지않습니다."

전명운은 눈물 겨운 감사담을 전했다.

1936년 3월 16일 『신한민보』에 동해수부 홍언洪焉이 「로스앤젤레스의 인상을 기록함」이라는 제목의 기사에 의하면, 전명운은 가족을 잃은 슬픔과 생활의 곤란 속에도 "근래 나의 생활은 이왕에 비하여 변함이 있지만은 고국을 위하여 붉은 마음은 일찍이 변한 것이 없도다"고 조국 독립을 위한 열망을 담담하게 표현했다. 이러한 슬픔과 생활난 속에서도 적은 돈이나마 동포 신성원의 장례비 의연에 보탰다.

이후 1937년은 3·1절 기념식에 참가해 3·1적립금 1원을 의연했다. 다음 해 3월 도산 안창호 선생 추모회에서는 도산의 혁명정신을 계승하여 반드시 독립을 이루겠다는 의지의 다음과 같은 추도문을 발표했다.

오호라 도산 선생이 갔도다. 위대한 일군이 갔도다. 그러나 육신만 간 것이라. 정신이야 갔으랴. 선생의 군은 애국심 결심 자신 분투 모두 선생의 혁명정신을 우리 민족에게 깊이 부어 주시고 가셨으며 우리는 이 정신을 가져 선생의 사업을 계속할 터이니 선생은 응당 눈을 감으시고 다른 날 독립연에 그 영혼이 웃음을 머금고 임하시리로다.

도산의 불멸 같은 혁명정신을 계승하자는 취지였다. 여기에는 미주 한인사회의 대동단결을 실천적으로 추진한 혁명가에 대한 숭모하는 진정성을 담고 있었다.

1938년 전명운의 딸 전경령은 로스앤젤레스 예비중학을 졸업했다. 4월 17일 샌프란시스코에 신축된 대한인국민회 총회관 낙성식이 거행되었다. 총회관 대예당 벽에는 이범진과 그의 가족사진이 걸렸다. 이 사진은 이범진이 주미공사로 있을 때에 공사관에 걸어 놓았던 것인데, 을

사늑약으로 주미공사관이 일제 손에 들어갔다. 이러한 상황을 알고 있던 전명운은 1908년 워싱턴으로 가서 사진을 찾아다가 공립회관에 걸어 두었던 것이다.

1939년 1월 대한인국민회 중앙상무부 총무 최진하는 1938년도 사업성적을 보고했다. 특히 원동의 전쟁정세와 비상시기에 재미한인의 할 일과 대외선전 방침을 연구하기 위해 시사위원을 선정하고 원동 특파원의 준비가 보고되었다. 전명운은 멕시코 갈데나스지방회에서 특파원 후보자로 추천되었다. 1939년 삼일국어학교에 1원을 의연했다.

이와 같이 미국으로 귀환한 전명운은 대한인국민회를 통해 적극적으로 민족운동을 전개하였지만 이 시기 부인과 아들을 잃는 아픔도 겪었다. 가족을 잃은 슬픔은 감내하기 힘든 역경이었지만 그는 담담한 심정으로 현실로 받아들이고 민족 독립을 위한 투쟁을 멈추지 않았다.

1940년 대한인국민회 로스앤젤레스 지방회장 현정염玄正廉의 사회로 3·1절 경축식을 거행되었다. 이 자리에서 전명운은 열렬한 연설을 하였다. 1941년 12월 7일 일제는 미국 하와이 진주만을 기습 공습하면서 제2차 세계대전이 확대되었다. 로스앤젤레스에서 철도건널목 간수일을 하고 있던 전명운은 전시봉사회를 조직하여 의연품을 전하는 등 후원에 나섰다. 독립전쟁에 의한 조국광복을 쟁취하려는 염원은 여기에 고스란히 남아 있었다.

　제2차 세계대전 직전에 북미 국민회와 하와이 국민회·동지회 등 9개 단체 15명의 대표 등이 참가한 해외한족대회가 하와이에서 1941년 4월 19일부터 29일까지 개최되었다. 이 대회에서는 독립운동전선의 통일, 대한민국임시정부의 봉대, 군사와 외교활동의 전개, 미국 국방공작의 후원, 재정 수합 등을 주관할 목적으로 재미한족연합위원회를 결성

한인국방경위대 관병식

하였다. 한족연합회는 하와이 호놀룰루의 의사부와 로스앤젤레스의 집
행부가 조직을 갖추면서 본격적 활동을 전개했다. 한족연합회는 군사운
동으로 로스앤젤레스와 샌프란시스코에 한인국방경위대를 설립하였다.
1942년 6월 두 곳의 한인국방경위대를 재미한인경위대로 통칭하였다.

　　미국 캘리포니아주 국방경위군은 제2차 세계대전 발발에 즈음하여
한족연합회에 한인경위대 조직에 관한 협조를 요청했다. 한족연합회 집
행부 국방과는 한인경위군 모집광고를 통해 1942년 2월경에 78명으로
이루어진 로스앤젤레스 한인경위대를 조직했다. 모집 연령은 18세부터
64세까지였다. 실제 모집 응시자는 대부분 50~60대의 노년층이었다.

한인경위대

한인경위대는 캘리포니아주 국방경위군의 지휘 아래 1주일에 한 차례씩 군사훈련을 받았다. 한인경위대는 같은 해 4월 26일에는 캘리포니아주정부로부터 정식 인가증을 받고 캘리포니아주 국방경위군 부속 군대로 정식 편성되었다. 이때 주정부로부터 맹호휘장의 연대기를 받았는데 이를 계기로 맹호군The Tiger Brigade이라고도 불렸다.

1995년 광복 50주년 기념행사에 초청되어 온 미국 버클리에 사는 최봉윤崔鳳潤은 1941년 1월 미국 로스앤젤레스에서 맹호단에 가입하여 군사훈련을 받은 활동 등으로 건국훈장 애족장을 받은 인물이다. 그는 맹호군에 대해 다음과 같이 증언했다. 미국의 지원과 미군과 함께 한반도에서 무장투쟁을 전개해 조국의 독립을 쟁취하겠다는 목적이 잘 드러났다.

① 1942년 1월 로스앤젤레스에서 국민회 중심으로 결성됐고 그 후 샌프

란시스코에 지단이 구성됐다.

② 맹호군의 목적은 재미 유학생 등 한국인에게 군사훈련을 시켜 한국에 침투시킨 후에 레지스탕스 운동을 시킨다. 미군이 상륙하면 현지에서 폭동을 일으키게 한다.

③ 한국어가 능통한 유학생부터 60대 노인까지 120명의 대원이 로스앤젤레스에 있었고 샌프란시스코에 30명 정도가 가입했다.

④ 맹호군의 군복과 총을 캘리포니아주 정부가 공급했고 비치라는 이름의 미군이 매주 토요일 등 주말에 군사훈련을 시켰다.

⑤ 로스앤젤레스 본 단은 탁터 김이라는 의사가 한국인 지휘자였다.

⑥ 샌프란시스코에서 황관도라는 사람이 대장이었고 모리빌딩에서 매주 토요일 군사훈련을 했다.

샌프란시스코 한인경위대는 1942년 5월 30일에 20명의 대원으로 출범했다. 8월경 27명의 대원이 참가하여 매주 일요일과 수요일 두 차례 군사훈련을 실시했다. 샌프란시스코 한인경위대는 '미국의 소리'라는 라디오 단파방송을 통해 국내외 한국인에게 일제의 패망과 한국독립이 임박했음을 알리는 역할을 수행했다.

당시 57세였던 전명운은 동포 109명과 함께 로스앤젤레스 한인경위대에 참여했다고 한다. 한인경위대는 미국 육군에 부속되지 않는 캘리포니아주 민병 한인부대로 인정받고, 캘리포니아주 민병대에 부속되었다. 한인경위대는 1942년 2월 30일 대한민국임시정부에 인준을 청원하여 임시정부 군사위원회의 인준을 받았다. 그리고 4월 26일 캘리포니아

주정부 인가장 수여식을 거행하고 맹호군 사령관 김용성金容成 지휘로 시가행진을 감행했다. 1943년 1월 16일에는 샌프란시스코에서 맹호군 지대가 편성되고, 맹호군의 소식을 원동과 국내에 방송하여 항일투쟁 의지를 고취시켰다.

전명운이 맹호군에 참가한 이유는 항일전쟁에 참가하여 연합국의 승전에 이바지하고 동시에 조국의 독립을 위하여 끝까지 싸우겠다는 의지를 표현한 것이었다. 이러한 활동 중에도 그는 1944년 4월과 6월에 각각 독립금 5원을 의연하는 등 조국광복을 위한 지원을 아끼지 않았다. 스티븐스 저격 이래 일생을 조국광복에 전력을 기울였다.

90년 만에 유해로 돌아오다

1944년 6월 25일 전명운은 로스앤젤레스 북 그랜드 애브뉴 노인아파트에서 쓸쓸하게 회갑을 맞았다. 다사다난한 시대상황 만큼 그는 사랑하는 부인과 자식 2명을 이국땅에서 잃는 가누기 힘든 아픔을 맛보았다. 이러한 와중에 그렇게 간절하게 바라던 대한독립은 일제의 무조건 항복으로 달성되었다. 환희가 밀물처럼 몰려드는 순간이었다.

기쁨은 그리 오래가지 않았다. 현지나 외신을 통해 들려오는 소식은 미군과 소련군에 의한 신탁통치였다. 이를 둘러싼 갈등은 연일 빅뉴스로 보도되는 등 혼란의 연속이었다. 그렇다고 고국으로 돌아갈 수 있는 경제적인 여력도 없었다. 새삼스럽게 자신의 인생역정에 대한 회의와 고독감도 엄습하였다. 결국 1947년 11월 18일 로스앤젤레스에서 심장

전명운 의사 사망 보도기사(『신한민보』) 　　　LA 전명운 묘지

병으로 별세하였다. 『신한민보』는 호외로 전명운의 별세 소식을 다음과
내보냈다.

　　고 전명운의사의 약력 출생지 서울 종현, 생일 갑신년 6월 25일, 부친 전
　　성근의 제7자, 1903년 9월 18일에 하와이 1904년 9월 23일에 미주에
　　건너 왔고, 참가단체 친목회 공립협회 국민회 동지회, 1947년 11월 18
　　일 로스앤젤레스 시내 북 근랜뷰 232호 주소에서 별세.

1947년 12월 3일자 『국민보』도 다음과 같은 짧은 별세 기사를 게재
하였다.

　　1905년 러일강화(포츠머스조약) 담판 시에 한국을 일본의 보호국으로 만

追 愛國志士 徐載弼先生 田明雲義士 遺骸奉還安葬 慕

愛國志士 田明雲 義士

雲國志士
田明雲義士之柩

애국지사 서재필·전명운 유해봉안 안장식(1994년 4월 8일)

전명운 묘(국립묘지)

들고 우리 외교권을 도쿄東京로 옮긴 뒤에, 한국정부의 고문으로 있던 미국인 스티븐스가 한일합병을 운동하려고 워싱턴으로 가는 길에, 샌프란시스코에서 머물며 그 사명의 내용을 영자신문에 발표한 바, 당시 전명운·장인환 두 의사가 크게 분개하여 샌프란시스코 패리정거장 앞에서 스티븐스를 총살하였다. 전명운 의사는 심장병으로 인하여 11월 18일 로스앤젤레스 병원에서 불행히도 별세하였다.

전명운의 시신은 딸과 동지들에 의하여 로스앤젤레스 갤버리 천주교회 묘지에 안장되었다. 묘지에는 영문으로 "사랑하는 아버지 맥 필드BELOVED FATHER MACK FIELDS 1884~1947"이라고 적혀 있다. 대한민국

정부는 1962년 전명운 의사를 건국훈장 대통령장에 추서했다. 1994년 4월 8일 고인의 유해는 고국을 떠난 지 90여 년 만에 서울 국립현충원 애국지사묘역에 안장되었다. 이듬해인 1995년 8월 16일 전명운의 묘지에 1929년 미국 스탁톤에서 사별한 부인 조순희 여사의 유해가 합장되었다.

전명운의 삶과 자취

1884. 6. 25   서울 종현에서 아버지 전성근과 어머니 전주 이씨 사이에서
               출생. 본관은 담양, 자는 영선, 호는 죽암

1894~1903   12세에 어머니, 16세 때에 아버지 별세. 가업인 포목전을 경
               영하는 큰형 명선을 도우며 성장. 1902년경 2년제의 관립
               한성학원에 다닌 것으로 추정

1903   조순희와 결혼

1903. 9. 21   도릭호 편으로 하와이 오아후 호놀룰루에 도착

1904. 9. 23   학업을 위해 샌프란시스코로 이주

1905   안창호 등이 1905년 4월 5일 조직한 공립협회에 가입하여
               계몽활동을 전개

1907. 9. 28   공립협회 주최 토론회에서 '식산만 풍부하면 경제가 부족하
               더라도 재정을 가히 부케 한다'라는 제목으로 연설

1907. 10. 26   '공립신보 확장할 취지서' 발기인으로 참여

1908. 2   알래스카 어업 노동자 모집 주선. 한인청년회 초청 토론회에
               서 '모험시대'라는 제목으로 연설

1908. 3. 20   대한제국정부 외부고문 스티븐스 샌프란시스코 도착. 페어
               몬트호텔에 투숙하며 기자회견을 열고 친일 망언 성명

1908. 3. 21   공립협회와 대동보국회를 중심으로 한인공동회 개최. 정재
               관·최정익·문양목·이학현 등 4명을 총대로 선임하여 스티
               븐스의 친일 망언에 대한 사과와 시정 요구

1908. 3. 22	총대 4명이 페어몬트호텔로 스티븐스를 찾아가 친일 반언 취소와 사과를 요구했으나 거절당함. 총대들은 현장에서 스티븐스를 응징하고 돌아와 공립협회와 대동보국회 제2차 공동회 개최. 장인환·전명운 두 의사도 참여해 스티븐스 처단을 결심
1908. 3. 23	스티븐스가 친일 외교를 펴기 위해 워싱턴으로 가려고 오클랜드 행 도선대합소인 페리부두에 도착하여 자동차에서 내리는 순간 전명운이 먼저 권총을 발사했으나 격발되지 않음. 이에 전명운이 스티븐스의 얼굴을 총으로 가격하고 스티븐스가 반격을 가하자 전명운이 몸을 피함. 이때 장인환이 스티븐스의 뒤쪽에서 3발의 총을 쏘아 명중. 그 중 첫발이 불행히 전명운의 어깨에 맞음. 현장에서 샌프란시스코 경관 맥그란드에게 체포되어 항만응급병원으로 연행 후송됨. 응급치료를 받고 스티븐스와 함께 중앙병원으로 이송. 장인환 의사와 대질 심문시 단독 거사라며 '공모'를 부인
1908. 3. 27	'살인미수' 혐의로 샌프란시스코 경찰법원에 기소
1908. 4. 1	『공립신보』에 '전명운 애국가'가 발표
1908. 5. 1	예정된 예심이 5월 22일로 연기되었다가 다시 6월 8일 개정
1908. 6. 27	제2차 예심에서 증거 불충분으로 보석 석방. 일제의 감시와 암살 위협 등의 압박 속에서 맥 필드로 개명
1908. 8	샌프란시스코를 떠나 동부를 거쳐 유럽을 횡단, 10월경 러시아 연해주 도착. 블라디보스토크에서 안중근과 만나 독립운동방략 논의. 연해주에 머무르는 동안 공립협회 연해주지회 설치 주도
1909. 10	시베리아를 횡단하여 대서양을 건너 미국으로 돌아옴. 뉴욕

	에서 일을 하며 생활
1918	캘리포니아의 농장지대인 맨티카 지방에 정착하여 세탁업 종사
1918. 12	대한인국민회 맨티카지방회 회장으로 선출
1919. 1. 11	장인환 의사의 가출옥 소식을 듣고 샌프란시스코로 와서 그 동안의 옥고를 위로하고 평생의 정의를 표함
1919. 3. 9	국내의 3·1운동 소식이 전해지자 맨티카와 이웃의 스톡턴·투레시 지방의 한인들을 모아 축하회 개최를 주도. 50달러의 의연금을 독립운동 자금으로 의연
1919	대한인국민회 월로우스지방회 부회장으로 선출
1924. 4. 17	『신한민보』에 「장의사의 해방」이라는 논설과 각 단체에서 보낸 축하전문이 게재
6. 12	샌프란시스코 한인감리교회에서 개최한 '장인환 의사 석방 축하회'에 강창준·하상옥·서민호 등과 참석하여 기념촬영
11. 16	스톡턴국어학교 창립1주년기념식에 참가
1928	로스앤젤레스로 거처를 옮긴 후 경제적인 곤란으로 첫딸 경숙과 둘째딸 경령을 고아원에 맡김. 한인 동포를 대상으로 애국강연을 하면서 군자금을 모아 대한민국임시정부를 지원
1941	태평양전쟁이 발발하자 전시봉사회를 조직하여 군인 위문활동을 전개
1942	로스앤젤레스 한인경위대(맹호대)에서 복무
1947. 11. 18	심장병으로 세상을 떠남. 갤버리 천주교 묘지에 안장
1962. 3. 1	장인환 의사와 함께 대한민국정부로부터 건국훈장 대통령장에 추서

1994. 4. 8   전명운의 유해를 고국으로 모셔와 서울 국립현충원 애국지
사 묘역에 안장(1995년 8월 부인 조순희 여사와 합장)

참고문헌

자료

- 『共立新報』·『新韓民報』·『해조신문』·『大韓每日申報』·『황성신문』·『경향신문』·『만세보』·『경성일보』·『독립신문』·『동아일보』·『북미시보』·『국민보』·『조선일보』·『한국일보』.

- 『대한협회회보』·『태극학보』·『대한흥학보』.

- 『The San Francisco Call』·『The San Francisco Chronicle』·『Los Angeles Daily Times』.

- 「공문 제9호(1924년 3월 22일), 강홍식 → 최진하, 장의사 해방 축하 대표에 관한 건」, 독립기념관소장자료 9-J10001-027.

- 「공문 제7488호(1924년 3월 13일), 최진하 → 각 지방회장, 장의사 해방 축하에 관한 건」, 독립기념관소장자료 9-J10001-026.

- 「전명운 사망진단서(State of California - Department of Public Health, 1947)」, 독립기념관소장자료 9-JW0001-001.

- 「동지회 남가주지방 3·1절 경축식」, 독립기념관소장자료 BK946030108-04.

- 「전명운 족보」, 독립기념관소장자료 9-JW0001-002.

- 「전명운 하와이 호놀룰루 도착명단(1903년 9월 21일)」, 독립기념관소장자료 9-JW0001-004.

- 「장의사의 해방」, 독립기념관소장자료 DR192405310203.

- 국사편찬위원회, 「기밀송 제33호, 韓人田明雲其他ニ關スル件(1909년 11월 08일)」, 『한국근대사료집성』 3.

- 국사편찬위원회, 「기밀송 제70호 韓人田明雲其他ニ關スル件(1909년 11월

　11일)」, 『한국근대사료집성』 3.

• 국사편찬위원회, 『고종시대사』 6, 1974.

• 국사편찬위원회, 『일제침략하 한국36년사』, 1968~1974.

• 일본외무성, 「兵發特秘 제1675호 米國에서 歸來한 排日鮮人의 건」, 『不逞團
　關係雜件 – 朝鮮人의 部 – 在歐米(6)』.

• 일본외무성, 「기밀 제386호 在奉天赤塚總領事로부터의 報告書」, 『不逞團關
　係雜件 – 朝鮮人의 部 – 在滿洲의 部(25)』.

• 일본외무성, 「機密受 제151호 – 關機高收 제3817호 不穩通信」, 『不逞團關係
　雜件 – 朝鮮人의 部 – 在滿洲의 部(32)』.

• 국가보훈처, 『장인환 전명운의 샌프란시스코의거 자료집』 I~II, 2008.

• 노재연, 『재미한인사략』 상, 1963(『독립운동사자료집』 8에 재수록).

• 도산기념사업회, 『속편 도산안창호』, 1953.

• 문일평, 「갑자 이후 60년간의 조선」, 『개벽』 43, 개벽사, 1924.

• 박은식, 『한국통사』, 1921.

• 송상도, 「장인환 전명운」, 『기려수필』, 국사편찬위원회, 1955.

• 송종익, 「동포에게 격함」, 『삼천리의 서원』, 흥사단본부, 1946.

• 김원용, 『재미한인오십년사』, Reedley Calif., 1959(독립운동사편찬위원회,
　『독립운동사자료집』 8에 재수록).

• 이상설, 「양의사 합전」, 『신한민보』, 1909년 4월 7일.

• 정교, 『대한계년사』, 국사편찬위원회, 1955.

• 조소앙, 『유방집』, 남경 동남인쇄소, 1933.

• 창해자 · 우드손 저, 『량의사합뎐』, 1909.

• 한국독립운동사연구소, 『방사겸 평생일기』, 독립기념관, 2006.

• 황현, 『매천야록』, 국사편찬위원회, 1955.

• 주한일본공사관, 『統監府文書』 5 · 9, 1908 · 1910.

• 『일본외교문서』 41.

저서

- 고승제,『한국이민사연구』, 장문각, 1973.
- 고정휴,『대한민국임시정부 구미위원부(1919~1925) 연구』, 고려대박사학위 논문, 1991.
- 국사편찬위원회,『한국독립운동사』1, 1965.
- 김도훈,『1910년 전후 미주지역 공립협회·대한인국민회의 민족운동 연구』, 국민대박사학위논문, 2002.
- 김상현 편,『실록 민족의 저항 : 侮蔑의 時代 學兵手記集』, 한샘문화사, 1977.
- 김영범,『혁명과 의열』, 경인문화사, 2010.
- 김원모,『한미 외교관계 100년사』, 철학과현실사, 2002.
- 담양전씨 대종회,『潭陽田氏大同譜』, 회상사, 1987.
- 독립운동사편찬위원회,『독립운동사 – 의열투쟁사』7, 독립유공자사업기념운용우위원회, 1976.
- 문충한,『의사 장인환』, 청조사, 2008.
- 민병용,『미주이민 100년』, 한국일보사, 1986.
- 성백걸(유동식 감수),『샌프란시스코의 한인과 교회; 상항한국인연합감리교회의 역사』, 상항한국인연합감리교회100년사편찬위원회, 한들출판사, 2003.
- 안형주,『박용만과 한인소년병학교』, 지식산업사, 2007.
- 유영익,『이승만의 삶과 꿈』, 중앙일보사, 1996.
- 윤병석,『국외한인사회와 민족운동』, 일조각, 1990.
- 윤병석,『대한과 조선의 위상 – 격동과 시련의 조선말 대한제국 대한민국시대』, 선인, 2011.
- 윤병욱,『나라 밖에서 나라 찾았네 미주한인 사회와 독립운동』, 박영사, 2006.
- 이구홍,『한국이민사 – 중앙신서 53』, 중앙일보사, 1979.
- 이덕희,『하와이 이민 100년 – 그들은 어떻게 살았나』, 중앙 M&B, 2003.

- 이명화, 『도산 안창호의 독립운동과 통일노선』, 경인문화사, 2002.
- 이자경, 『한국인 멕시코 이민사』, 지식산업사, 2004.
- 이자경, 『멕시코 한인 이민 100년사 – 에네켄 가시밭의 100년 오딧세이』 상·하, 멕시코 한인이민100주년기념사업회, 2006.
- 인천광역시 역사자료관, 『근대의 이민과 인천』, 2004.
- 장백일, 『의사 전명운』, 집문당, 1997; 『의사 전명운 평전』, 다인미디어, 2002 재발행.
- 정병준, 『우남 이승만 연구』, 역사비평사, 2005.
- 최기영, 『식민지시기 민족지성과 문화운동』, 한울, 2003.
- 홍선표, 『재미한인의 꿈과 도전』, 연세대출판부, 2011.

논문
- 국가보훈처, 「전명운」, 『독립유공자공훈록』 8, 1990.
- 김도형, 「전명운의 생애와 스티븐스 처단의거」, 『한국독립운동사연구』 31, 한국독립운동사연구소, 2008.
- 김도훈, 「공립협회의 민족운동」, 『한국민족운동사연구』 4, 국사편찬위원회, 1989.
- 김도훈, 「한말 한인의 미주이민과 민족운동」, 『국사관논총』 83, 국사편찬위원회, 1999.
- 김도훈, 「한말·일제 초 재미한인의 민족운동론」, 『미주한인의 민족운동』, 연세대 국학연구원, 2003.
- 김도훈, 「1910년대 미주지역 항일운동」, 『1910년대 국외항일운동 II – 중국·미주·일본』, 한국독립운동사편찬위원회·한국독립운동사연구소, 2007.
- 김원모, 「서울에서의 스티븐즈의 친일외교활동」, 『향토서울』 46, 서울특별시 사편찬위원회, 1988.
- 김원모, 「장인환의 스티븐즈의 사살사건 연구」, 『동양학』 18, 단국대 동양학연구소, 1988.

- 박용옥, 「차미리사의 미주에서의 국권회복운동」, 『한국민족운동사연구』 25, 한국민족운동사학회, 2000.
- 박진관, 「전명운전」, 『신동아』 10월호, 1968.
- 반병률, 「안중근과 최재형」, 『역사문화연구』 33, 한국외국어대 역사문화연구소, 2009.
- 오인환·문충한·공정자, 「장인환 의사의 발자취를 찾아서; 샌프란시스코 지역을 중심으로」, 『한국독립운동사연구』 28, 한국독립운동사연구소, 2007.
- 윤병석, 「이상설의 유문과 이준·장인환·전명운의 의열」, 『한국독립운동사연구』 2, 한국독립운동사연구소, 1988.
- 윤종문, 「하와이 한인중앙학원의 설립과 운영」, 『사학연구』 88, 한국사학회, 2007.
- 임경석, 「식민지시대 반일 테러운동과 사회주의」, 『역사와 현실』 54, 한국역사연구회, 2004.
- 임대식, 「한국 근현대 인물 관련 정보의 활용 방안」, 『국사관논총』 79, 국사편찬위원회, 1998.
- 정용욱, 「해방 직전 미주한인의 독립운동과 미국정부의 대응」, 『정신문화연구』 88, 한국정신문화연구원, 2002.
- 정제우, 「죽암 전명운 연구」, 『한국독립운동사연구』 10, 한국독립운동사연구소, 1996.
- 차만재, 「미본토의 첫 한인타운 : 리들리와 다이뉴바」, 『중가주 한인역사의 재조명』, 2003.
- 최기영, 「구한말 미주의 대동보국회에 관한 일고찰」, 『한민족독립운동사논총』, 수촌 박영석교수화갑기념논총간행위원회, 1992.
- 최범철, 「초기 미주 한인선교와 민족운동 연구 : 1903~1919년을 중심으로」, 감리교신학대 석사학위논문, 2002.
- 최영호, 「이승만의 하와이에서의 초기 활동 – 교육사업과 1915년 대한인국민회 사건」, 『이승만 연구』, 연세대출판부, 2000.

- 한철호, 「대한제국 외교고문 스티븐스의 이중계약과 그 의미」, 『사학연구』 98, 한국사학회, 2010.
- Andrew C. Nahm, 「Durham White Stevens and the Japanese Annexation of Korea」, 『The United States and Korea』, The Center For Korean Studies, Western Michigan University, 1979.

찾아보기

ㅈ

의열투쟁의 선구자 전명운

1판 1쇄 인쇄 2012년 3월 20일
1판 1쇄 발행 2012년 3월 26일

글쓴이   조철행
기획   독립기념관 한국독립운동사연구소
펴낸이   김능진
펴낸곳   역사공간
            서울시 마포구 서교동 463-31 플러스빌딩 5층
            전화 : 02-725-8806~7, 팩스 : 02-725-8801
등록   2003년 7월 22일 제6-510호
ISBN 978-89-90848-96-3 03900

*잘못된 책은 바꿔 드립니다.
가격 10,000원